중국 길림성 조선족학교 교가와 그 연구

안병삼(安炳三)

2007년 전남대학교 세계한상문화연구단에서 중국 지역을 담당하는 연구교수로 재직하면서 중국 조선족 문화 연구를 처음 시작하였다. 특히 "근 · 현대 한인디아스포라 지식자원 발굴과 DB 구축"(한국연구재단 지원) 프로젝트를 진행하면서 수차례 중국 조선족이 많이 거주하고 있는 동북3성을 조사하면서 그들의 삶과 역사, 교육, 사상 등을 연구하였다. 이러한 중국 현지조사를 통해 중국 조선족학교가 급격히 사라지면서 그동안 중국 조선족학교가 이룩한 한민족의 다양한 '학교문화'가 사라지고 있음을 알게 되었다. 그중 교가의 소실이 심각하다는 사실을 알고 보존의 필요성을 인식하였고, 이를 주제로 2010년부터 2013년까지 "중국 조선족학교의 교가 발굴과 그 연구"(한국연구재단 지원) 프로젝트를 진행하였다. 또 2014년부터는 '학교문화' 연구 범위를 확대하여 교가뿐만 아니라 조선족학교가 지금까지 생산한 모든 '학교문화'를 발굴 · 수집하기 위해 "중국 조선족학교 '학교문화' 자원 발굴과 그 연구"(한국연구재단 지원)를 진행하고 있다. 현재는 초당대학교 교수로 재직 중이다.

중국 길림성
조선족학교 교가와
그 연구

2015년 9월 1일 초판 인쇄
2015년 9월 5일 초판 발행

지은이 | 안병삼
펴낸이 | 이찬규
펴낸곳 | 북코리아
등록번호 | 제03-01240호
주소 | 462-807 경기도 성남시 중원구 사기막골로 45번길 14
우림2차 A동 1007호
전화 | 02-704-7840
팩스 | 02-704-7848
이메일 | sunhaksa@korea.com
홈페이지 | www.북코리아.kr
ISBN | 978-89-6324-427-3 93020

값 20,000원

중국 길림성 조선족학교 교가와 그 연구

안병삼 지음

북코리아

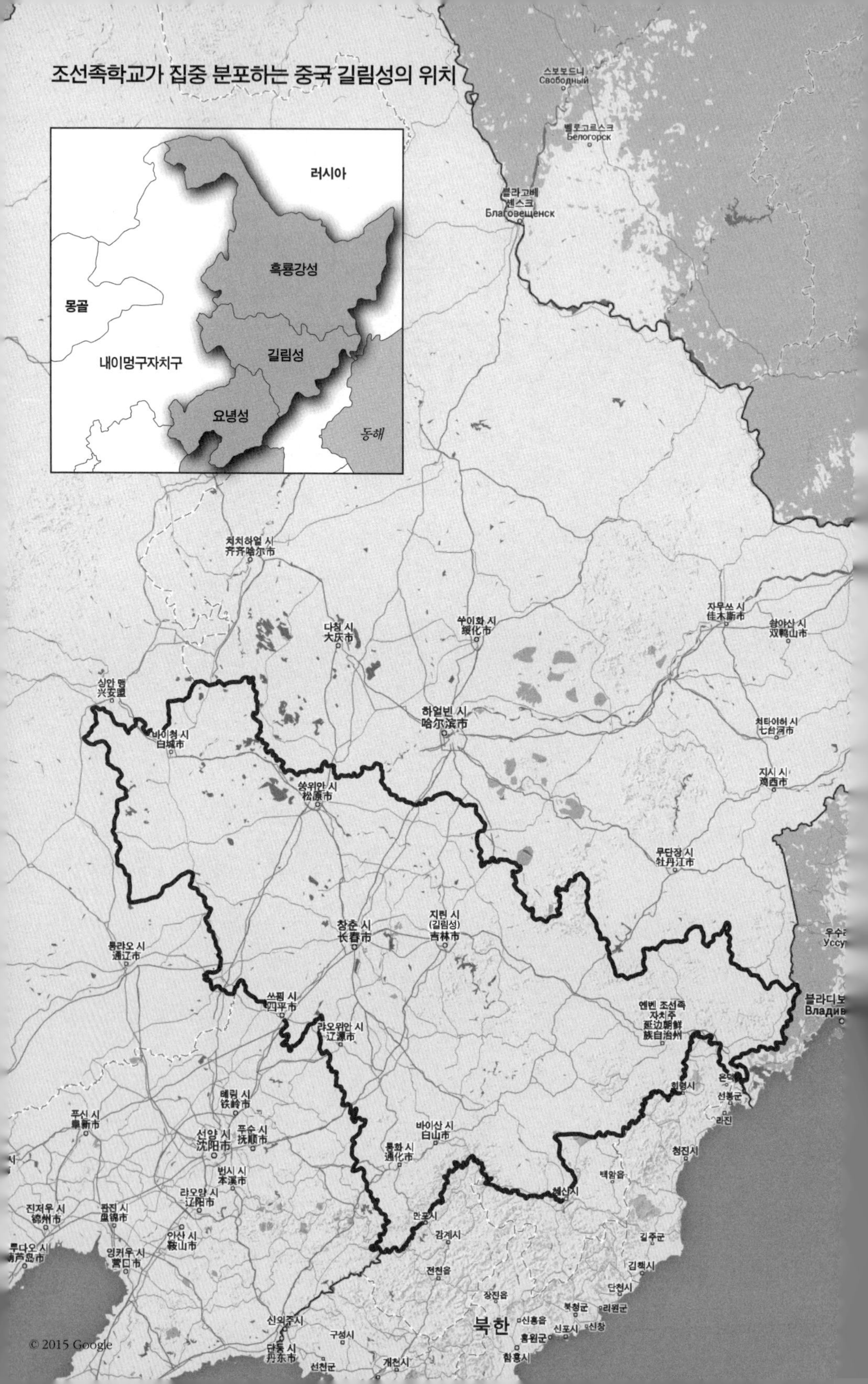

조선족학교가 집중 분포하는 중국 길림성의 위치

추천의 글

안병삼 교수의 중국 조선족학교 정신을 노래한 교가(校歌)에 대한 연구성과 출판을 진심으로 축하합니다.

이 책에 수록된 교가들은 중국 근대학교의 효시(嚆矢)로서의 서전서숙(瑞甸書塾) 교가로부터 오늘에 이르기까지의 학교 교가들이고 게다가 이미 폐교된 학교의 교가들까지도 모두 포함됩니다.

교가는 학교 정신을 성음예술의 형식으로 표현한 것으로서 조국과 민족에 대한 열애의 감정, 시대성과 미래지향성을 반영합니다. 교가는 학생들로 하여금 조국과 민족의 미래의 발전과 번영을 위해 배움터에서 열심히 공부하여 날 따라 향상하려는 사상감정을 키워주는 교양의 좋은 도경과 형식입니다.

교가는 학교 정신문화의 조성부문으로서 조선족학교의 미적인 교육사에 대한 연구뿐만 아니라 교육사상사 연구에도 학술적 가치와 현

주: 철자법은 중국조선족 규범(2007)에 따름.

실적 의의가 크다고 생각합니다.

안병삼 교수의 교가연구는 중국 조선족학교 교가 연구에서 처음으로 되는 전문저작으로서 교육학계에서 새 중국 이전의 교가에 대한 연구를 중시하고 건국 후 교가는 중시하지 않던 경향성을 개변시켜주었으며 또한 이후 중국 조선족학교 교가 연구에 매우 큰 도움이 될 것입니다.

2015년 1월 27일

연변대학사범학원 조선족교육연구소 자료실에서

허청선 교수

서문

나의 연구생활에서 중국 조선족학교 교가를 수집하고 그것을 연구한 지난 몇 년간은 너무나 행복했다. 또한 이러한 연구를 할 수 있었던 것은 나에게는 참으로 행운이었다. 지금까지 그 누구도 중국 조선족이 세운 조선족학교의 교가에 대한 소중함을 인지하지 못한 상황에서 급격히 사라져가던 교가를 수집하고 그것을 연구한 것은 큰 보람이었다. 더위와 추위를 무릅쓰고 직접 중국 동북3성의 이곳저곳을 돌아다니며 조선족 교육의 뿌리를 찾아다니는 작업은 설레는 일이었다.

사실 조선족학교 교가에 대한 연구를 시작한 동기는 우연히 『중국 조선족 교육』이라는 잡지에서 교가를 발견하고 나서였다. 전남대학교 세계한상문화연구단에 근무하면서 "근현대 한인 디아스포라 지식자원 발굴과 DB구축" 사업에 참여해 중국 현지에서 조선족 교육에 관한 저술들을 조사하는 과정에서 하나같이 학교의 규모나 배운 교과목 등을 정리해 놓은 것들이거나 졸업생들의 명단을 정리하는 등의 내용이 전부라는 사실을 발견하였다. 그 어디에도 교가나 교육이념, 그리고 교훈 등의 학교정신에 대한 내용을 기록한 교육 관련 저술이 없었다. 이 소중한 교가 등을 왜 빠뜨렸을까? 하는 의문을 갖고 있는 상태에서 중국 현지 조사 중『중국 조선족 교육』이라는 잡지에서 일정기간 조선족학교 교가를 소개한 글을 발견하였던 것이다. 그래서 그 잡지에 수록된 교가를 시작으로 사라져가는 중국 조선족학교 교가를 빨리 수집하여 보존하는 것도 한민족의 문화를 후대에 전하는 소중한 작업이라고 생각하게 되었다. 이러한 생각을 더욱 굳히게 된 계기는 중국 현지에서 조선족의 집거지가 사라지면서 그 속에서 역할을 하던 조선족 학교가 급격하게 폐교되거나 합병되는 상황에서 그 누구도 교가를 보존하려는 노력을 하지 않는 현실을 직접 보고 난 뒤였다. 난 모두가 느끼는 조선족 교육의 위기감과 더불어 누구도 신경쓰지 않는 교가 소실에 대한 나만의 위기감을 느꼈다. 지금도 과거 어떤 학교에서 무슨 내용의 교가를 학생들에게 부르게 하였는지 100% 알 길은 없다. 이런 상황에서 지금 교가를 수집하지 않는다면 영원히 조선족학교 교가는 미궁의 연구과제로 남을 것이다.

지금까지 그 누구도 하지 않았던 작업을 하는 신선함이 좋았다. 내가 하지 않으면 오늘 하루에도 사라질 수 있다는 사명감이 나를 움직였다. 그래서 한 곡 한 곡 교가를 수집하는 작업은 너무 행복했다.

본 서에 실린 교가들은 저자가 2010년부터 지금까지 중국 동북3성 중국 조선족학교를 방문하여 수집한 것들이다. 중국 현지에서의 교가 수집은 생각만큼 단순하지도 않았고 그리 쉽게 진행되지도 않았다. 현존하는 학교의 교가는 학교에 가면 쉽게 구할 줄 알았고 폐교된 학교의 교가는 퇴직교원이나 그 학교에 근무했던 교원을 찾으면 구할 수 있을 것이라 생각했다. 하지만 현실은 기대와 전혀 달랐다. 폐교된 학교의 교가를 구하기 위해 퇴직교원이나 그 학교 교원을 찾았지만 모르는 경우가 대부분이었고, 현존하는 학교의 교가를 구하기 위해 학교를 방문했지만 교가를 가지고 있는 교원들은 많지 않았다. 심지어는 왜 교가를 수집하는 거냐고 의심의 눈길을 보내며 협조하지 않는 경우도 있었다. 보통 여름 방학과 겨울 방학을 이용하여 중국 현지로 가서 수집을 하기 때문에 많은 경우 학교가 문을 닫아 아무도 없거나 당직하는 선생님들이 개학하면 다시 오라는 경우도 많았다. 방학 때는 교가를 담당하는 음악선생님이 한국에 갔거나 출근을 하지 않는다는 이유였다. 이것은 교가에 대해서 심지어는 교장선생님 및 일반 교원들이 잘 모르고 있기 때문이다. 처음에는 도저히 이해가 가지 않았지만 그것이 엄연한 현실이었다. 간혹 교가를 만든 작곡가나 작사가를 찾아도 본인이 만들었지만 교가를 가지고 있지 않은 경우도 많았고 기억을 하지 못하는 경우도 허다하였다.

한 학교에 존재하는 교가의 수도 다양하였다. 교장이 바뀜에 따라 새로운 교가를 만들어 한 학교에 교가가 3개나 있는 경우도 있었다. 작사와 작곡 중 하나만을 바꾸어 사용한 경우도 있었고 완전히 다르게 창작한 경우도 있었다. 하지만 이러한 교가에 대해 자세한 기록을 가지고 있지 않아 당사자를 제외하고는 모르는 경우가 많았다. 그 결과 교가를 언제 누가 만들었는지에 대한 기본적인 기록조차도 가지고 있지 않은 경우가 대부분이었다. 최근에 교가를 만든 경우는 대부분 학교의 ＊＊ 주년 기념행사를 준비하면서 만드는 경우가 많았다.

교가는 예전에는 학교의 현관 게시판에 많이 전시하였지만 지금은 리모델링을 하면서 다 없애고 있었다. 그것은 교가를 부르지 않고 있기 때문이다. 학교의 생존이 불확실한 상황에서 교가를 부르는 것은 의미가 없다고 생각하였다. 또한 학생이 줄어드는 상황에서 학교 성적을 올려 학교 선전을 하여야 하는 상황에서 교가 교육은 당연히 뒷전이었다. 예전에 월요일이나 종례시간, 음악시간 등 자주 부르는 교가는 현재 거의 부르지 않고 있다. 월요일 전체 조례시간에는 국가를 부르고 있고 음악시간에도 많이 부르지 않고 있다. 다만 **주년 행사나 학교 행사에서 간혹 부르고 있는 정도이다.

책의 구성은 제1장에서는 중국 길림성 조선족학교 교가에 대한 분석의 글이다. 이 부분에서는 조선족학교 교가의 작곡가와 작사가 현황과 교가 가사에 대한 다양한 분석을 진행하였다. 제2장에서는 길림성 조선족학교 교가의 망실과 그 특징을 논하였다. 이 부분에서는 과거에 진행되었던 교가의 망실 현황에 대해 그 특징을 분석하였다. 제1장과 제2장의 내용은 그동안 수집한 교가를 대상으로 발표한 연구 논문을 다시 정리한 것이다. 제3장에서는 연구자가 수집한 길림성 조선족학교 교가를 실었다. 먼저 지역별로 교가를 나눠 장춘지구, 길림지구, 사평지구, 통화지구, 백산지구, 연변조선족자치주 등으로 구분하여 실었다. 그리고 그 속에서 유치원 · 소학교(초등학교), 중학교(중학교, 고등학교), 대학교 등을 구분하였다. 한 학교에 교가가 여러 개인 경우는 현재 사용하는 것을 '(현)'이라고 표시하였고 나머지는 '(구)'라고 표시하였다.

교가의 출처를 교가마다 밝혔다. 그것은 교가의 출처마다 약간의 차이가 있을 수 있기 때문이다. 다만 교가의 창작시기를 알 수 없는 것은 아쉬운 대목이다. 작사가와 작곡가는 수집한 그대로 적었다. 교가에 나타난 모든 한글은 우리식으로 수정하지 않고 중국 현지에서 수집한 그대로 표시하였다.

앞으로도 중국 조선족학교 교가에 대한 수집과 그 연구는 계속될 것이다. 이에 혹 여기에 실린 길림성 조선족학교 교가가 원본과 다른 부분을 발견한 경우 저자에게 연락을 해주신다면 매우 감사하겠다.

많은 분들이 교가를 수집하는 데 도움을 주셨다. 이 기회를 빌어 깊은 감사의 말씀을 드린다. 또한 이 연구에 대한 지지를 보내주시고 출판을 해주신 북코리아 출판사 이찬규 사장님에게도 감사드린다.

2015년 가을날에
초당대학교 바위실에서
안병삼

차례

Ⅱ 길림성 조선족학교 교가의 망실과 특징

Ⅲ 길림성 조선족학교 교가

3. 통화지구

4. 사평지구

5. 백산지구

6. 연변조선족자치주

I

중국 길림성 조선족학교 교가의 분석

1. 머리말

한반도를 떠나 타국으로 이주한 한민족의 역사가 이미 100년이 넘었고, 그 수 역시 700여만 명에 이른다. 그들은 서로 다른 국가에서 고유의 한민족 문화를 지키면서도 현지에 맞는 새로운 문화를 창조하였다. 21세기 글로벌 시대를 맞이하여 그들의 중요성이 더욱 부각되었다. 이에 많은 연구자들은 그들이 만들어낸 여러 문화들을 한국학의 영역 확대라는 측면에서 활발하게 연구하고 있다. 특히 중국에 살고 있는 200만 조선족에 대한 연구는 광범위하게 동시다발적으로 이루어지고 있다. 이러한 분위기 속에서 대한민국 우정사업본부는 2011년 중국에 세워졌던 신흥무관학교의 설립 100주년을 기념하기 위하여 신흥무관학교 교가와 신흥무관학교 졸업생으로 구성된 신흥학우단의 모습을 담고 있는 우표를 발행하기도 하였다.

신흥무관학교 설립 100주년 기념우표

신흥무관학교에서 독립정신과 민족의식을 배웠던 조선족들은 중국의 동북3성을 중심으로 살고 있는 우리의 한민족이다. 중국 조선족은 조선왕조 말기 정부의 폭정과 굶주림을 벗어나기 위해 압록강과 두만강을 건너 중국으로 이주하기 시작하였다. 20세기 초부터는 일제의 핍박을 피해 이곳으로 이주하게 되었고, 그 결과 이곳의 조선족 인구는 급격하게 증가하기 시작하였다. 당시 그들은 타국에서 비록 헐벗고 굶주리며 살고 있었지만 자식들의 교육만은 해야 한다는 신념 아래, 조선족 마을마다 학교를 세워 조선족 학생을 위한 교육을 시작하였다.

그러나 현재 중국 조선족 사회는 인구감소라는 현실 아래 그동안 이룩한 모든 것이 서서히 무너져가고 있다. 2000년 제5차 중국인구조사통계에 의하면 중국의 조선족 인구는 192만 3,842명으로, 1990년 제4차 중국인구조사통계에서 나타난 192만 3,361명과 비교하면 겨우 481명이 증가하는 데 그쳤다.[1] 인구가 약 200만 명이나 되는 민족이 10년간 겨우 481명이 증가하였다는 사실은 중국 조선족 인구문제가 얼마나 심각한지를 보여준다고 할 수 있다. 중국 조선족 인구감소의 중요한 요인은 단연 출생률 저하이다. 생육능력을 가진 여성들의 국외 진출과 국제결혼은 중국 내 조선족 출생률을 저하시키는 직접적인 영향이 되었다. 더 심각한 문제는 이러한 조선족의 국내이동과 해외이동으로 인하여 조선족 집거지가 붕괴되고 있다는 사실이다.[2] 특히 집거지를 중심으로 그동안 중국 사회에서 조선족 인재양성을 주로 담당했던 조선족학교의 숫자는 급격하게 줄어들고 있다.

1906년 독립운동가 이상설이 용정에 중국 조선족 최초의 근대교육기관인 서전서숙(瑞甸書塾)을 설립한 후 시작된 조선족 교육은 1910년에는 길림성 간척민의 학교가 모두 40개소가 되었다. 이 중에서 관(官)에서 세운 관립학당은 9개소, 간척민들 스스로 세운 사립학교는 19개

1 중국 제4, 5차 전국인구조사통계자료에 근거하였다.

2 조선족 마을은 우리 민족이 중국에 이주하여 정착하면서 만들어온 기본 집거지역으로서 100년 이상 한족 다수의 사회에서 생활하면서 동화되지 않고 우리말과 글, 우리 민족의 전통문화와 풍속을 지켜올 수 있는 있었던 기본 토대였다. 중국의 조선족은 중국에서 2,000여 개 조선족 마을을 보유하여 왔었다. 金炳鎬, 『中國朝鮮族人口問題硏究』, 民族出版社, 2007년, 14쪽.

서전서숙

소, 종교단체에서 세운 학교는 7개소, 일본인이 세운 보통학교는 5개소였다.[3] 또 다른 기록에 나와 있는 1910년대 간도 지역(연길, 화룡, 왕청)의 학교 통계는 다음과 같다.

〈표 1〉 1910년대 간도 지역 조선인 사립학교 통계표[4]

구분	1911년		1913년		1917년	
학교 종별	학교 수	학생 수	학교 수	학생 수	학교 수	학생 수
민간인 계통	8	206	46	609	56	1,750
기독교 계통	6	162	35	1,042	15	593
천주교 계통	5	125	4	121	5	160
단군교 계통	0	0	3	87	6	115
천도교 계통	0	0	0	0	1	27
합계	19	493	88	1,859	83	2,645

3 吉林省地方誌編纂委員會, 『吉林省誌 · 教育誌』(卷37), 吉林人民出版社, 1992년, 368쪽 참조.

4 동양척식주식회사 편, 『間島事情』, 大正7년, 835-845쪽 참조.

1920년대에는 종교단체나 민족세력, 일본인에 의해서 수많은 학교가 세워졌다. 1928년 기록에 의하면, 중국 길림성 조선족학교는 모두 628개소에 학생 수는 3만 1,878명이었고 교원 수는 1,203명이었다. 이를 자세히 살펴보면, 관립학교가 174개소, 사립학교가 409개소, 일본인이 세운 학교가 45개소였다. 사립학교 409개소에는 조선족 군중이 세운 학교가 287개소, 조선의 민족단체가 세운 것이 20개소, 조선의 종교단체에서 세운 학교가 83개소, 구미교회에서 세운 학교가 19개소가 되었다.[5] 또 다른 1920년대 기록을 살펴보자.

〈표 2〉 1920년대 간도 지역의 중국 측 관할하의 조선인 학교 수[6]
(중국학제에 편입된 조선인 사립학교 포함)

연도	학교 수	학생 수		
		조선인 학생	중국인 학생	합계
1922	157	4,211	3,972	8,183
1926	163	5,451	4,034	9,485
1928	167	7,529	4,053	11,582
1929	181	8,478	?	?

1930년대와 1940년대는 동북지역의 일본 침략과 중국 정부의 사립학교의 공립화 정책과 외국인의 학교설립 제약 등으로 인하여 많은 학교가 설립되지 못하였다. 더구나 일본이 점령하였거나 일본의 영향력이 있는 지역에서는 민족정신을 교육한다는 이유로 사립 조선족학

5 吉林省地方誌編纂委員會, 『吉林省誌 · 教育誌』(卷37), 吉林人民出版社, 1992년, 369쪽 참조.

6 조선총독부내무국 사회과, 『만주 및 시비리아 지방의 조선인 사정』, 1923년, 65쪽.; 조선총독부내무국 사회과, 『만주 및 시비리아 지방의 조선인 사정』, 1927년, 432쪽.; 만주국 문교부 학무사, 『민주국교육방안』, 1932년, 123쪽.

교의 70% 이상을 폐교시켰다.[7] 1935년 기록에 의하면, 중국 길림성의 조선족학교는 모두 353개소에 학생 수는 4만 6,121명이었다. 이를 초등교육과 중등교육으로 나눠 살펴보면, 초등교육에는 보통학교 76개소, 사립보통학교 178개소, 서당 37개소, 유치원 14개소, 현립양급소학 41개소였다. 중등교육에는 광명학원 2개소, 종교사립중학 2개소, 사립중학 2개소, 광명학원사범부 1개소로 모두 7개소였다.[8] 1944년 간도성 『文教要覽』의 기록에 의하면, 연길시와 주변 다섯 개 현에는 조선족소학교 474개소, 학생 8만 4,887명이 있었고, 길림성의 조선족 중학교는 21개소 7,057명이었다.[9] 또 다른 1930년대 기록을 살펴보자.

〈표 3〉 1936년 만주 국경 내 조선인 초등교육기관통계표[10]

경영주체		滿鐵	總督府	民會	私人	宗教	其他	計
보통학교	학교 수	15	5	128	29	2	9	188
	교원 수	172	60	314	46	3	39	634
	학생 수	8,139	3,337	13,591	1,703	118	1,461	28,349
기타학교	학교 수			63	142	31	14	257
	교원 수			158	310	113	14	595
	학생 수			8,022	14,920	4,840	471	28,253
서당	학교 수			27	22		22	72
	교원 수			29	22		34	85
	학생 수			989	641		1,402	3,032

7 황룡국 주필, 『봉화』(중국조선민족발자취총서 3), 민족출판사, 1989년, 719쪽 참조.

8 吉林省地方誌編纂委員會, 『吉林省誌 · 教育誌』(卷37), 吉林人民出版社, 1992년, 370쪽.

9 吉林省地方誌編纂委員會, 『吉林省誌 · 教育誌』(卷37), 吉林人民出版社, 1992년, 371쪽.

10 滿洲帝國國務院文教部, 『在滿朝鮮人學校調查表』, 康德3년, 1-49쪽 참조.

1949년 중화인민공화국이 성립된 후에는 조선족 사립학교는 거의 공립학교로 바뀌었고, 중국 정부는 농촌지역에 교육비와 보조비를 지급하며 조선족학교를 건립하고 교재비를 지원해주는 등 소수민족의 교육정책을 지원하였다.[11] 이에 조선족학교의 수적 변화는 상황에 따라 국가의 주도로 이루어졌다. 1949년 3월 동북민정국의 통계에 의하면, 길림성에는 소학교 662개소, 중학교 40개소가 존재하여 모두 702개소의 학교가 있었다.[12] 1965년 길림성에는 소학교 1,071개소, 중학교 221개소가 존재하여 모두 1,071개소의 학교가 있었다.[13] 1985년 길림성에는 소학교 555개소, 보통중학교 100개소, 고등교육기관 3개소[14], 중등전문학교 6개소[15]가 존재하였다.[16] 1993년에는 소학교 589개소, 중학교 83개소가 존재하여 모두 722개소가 길림성에 존재하였다.[17] 2002년은 조선족학교의 수가 급격히 줄어들어 소학교 180개소, 중학교 83개소가 존재하였다.[18] 2010년에는 소학교 47개소, 중학교

---

11 중국 정부는 지속적으로 소수민족들에게 우대정책을 실시하고 있다. 먼저, 조선족학교의 시설을 수리하는 비용을 특별비용으로 지불하고, 조선문교재출판에 매년 100만 원씩 보조해준다. 대학생 모집에서는 소수민족 우대정책을 실시하고 있다. 조선족 수험생이 본 민족문자로 시험답안을 쓰도록 허락하며 최저합격선을 한족보다 5점 낮추어 모집한다. 최상록 등 주편, 『중국 조선족교육의 현황과 전망』, 연변대학출판사, 1995년, 13-14쪽 참조.

12 차철구 외, 『중국조선족혁명투쟁사』, 연변인민출판사, 2009년, 736쪽.

13 吉林省地方誌編纂委員會, 『吉林省誌 · 教育誌』(卷37), 吉林人民出版社, 1992년, 373쪽.

14 延邊大學, 延邊農學院, 延邊醫學院 등을 가리킨다.

15 延邊第一師範學院, 延邊第二師範學院, 延邊衛生學校, 延邊財務學校, 延邊人民警察學校, 延邊體育學校, 延邊藝術學校 등을 가리킨다.

16 吉林省地方誌編纂委員會, 『吉林省誌 · 教育誌』(卷37), 吉林人民出版社, 1992년, 374쪽.

17 崔相錄 외, 『中國朝鮮族教育的现状与未来』, 延邊大學出版社, 1995년, 274쪽.

18 이 기록은 재외동포재단과 교육부에서 공동으로 조사한 2002년 내부 자료인 중국 조선족학교 현황을 참조하였다.

42개소가 존재하여 모두 89개소가 존재하였다.[19]

지금까지 지난 100여 년간 중국 길림성에 존재하였던 조선족학교의 수적 변화를 알아보았다. 그러나 조선족학교가 역사적으로 많이 세워졌지만 그 당시에 부르던 교가는 몇 곡을 제외하고는 악보와 가사가 거의 남아 있지 않다는 사실이다. 당시 조선족학교가 정확하게 얼마나 있었는지에 대한 기록도 서로 다른 상황에서 더구나 교가가 몇 곡이 있었는지에 대해서는 더욱 더 알 수가 없다.[20]

본고는 중국 조선족 집거지의 인구가 급격하게 감소하면서 없어질 위기에 처한 한민족 문화인 조선족학교의 교가에 대한 연구이다. 그동안 중국 조선족학교의 교가에 대해 중국 현지뿐만 아니라 한국에서도 체계적인 관리 및 연구가 전혀 이루어지지 않았다.[21]

하지만 조선족학교의 교가는 격동의 시기에 한반도를 떠나 중국으로 이주해온 한민족인 조선족이 시대적 변화에 따라 그들의 삶 속에서 추구하였던 교육적 이념을 보여주고 있다는 점에서 연구할 가치가 있다고 할 수 있다. 다시 말해, 본 연구는 중국 조선족 집거지의 인구가 급격하게 감소하면서 없어질 위기에 처한 한민족 문화에 대한 발굴 및 분석을 위한 것이며 주요 연구 대상은 조선족학교의 교가이다.

---

19 2010년의 기록은 저자가 2010년 12월 길림성 각지의 조선족학교를 방문하여 조사한 결과를 적은 것이다. 89개소 조선족학교에는 조선족과 한족이 함께 구성한 연합학교와 유치원, 소학교, 그리고 중학교가 함께 구성된 통합조선족학교를 제외한 순수한 소학교와 중학교만을 기록한 숫자이다.

20 당시의 조선족 사립학교는 거의 교가가 있었다. 교가는 학교의 전통을 나타내었고 학생들에게 공부하는 목적을 알려주는 좋은 교재였다. 당시의 교가는 대부분 교장이나 교육자들이 만들었으며 상황에 따라 조금씩 바꾸기도 하였다. 허청선 외 주필, 『중국조선족교육사』, 연변교육출판사, 2009년, 773쪽 참조.

21 지금까지 한국이나 중국에서 이루어지고 있는 조선족학교에 대한 연구는 주로 두 가지 방향으로 진행되었다. 먼저, 조선족교육의 현황이나 문제점을 분석한 연구이다. 둘째, 조선족학교에서 배우는 교과서 등의 학습내용 혹은 교육과정에 대한 연구이다.

그동안 중국 조선족학교의 교가는 중국 현지의 조선족학교 교육자뿐만 아니라 한국의 연구자들에게도 많은 관심을 받지 못하였다. 이 때문에 조선족학교의 교가에 대한 체계적인 관리 및 연구가 전혀 이루어지지 않고 있으며, 1990년대 이후로 중국 조선족학교의 폐교가 급속도로 진행됨에 따라 수많은 교가도 함께 소멸되고 있다.[22] 조선족학교의 교가는 격동의 한국 근 · 현대사에서 한반도를 떠나 중국으로 이주해온 한민족인 조선족이 시대적 변화에 따라 그들의 삶 속에서 추구하였던 교육적 이념과 민족성을 보여주고 있다는 점에서 연구할 가치가 있으며, 더불어 한국학 연구 영역의 확대라는 측면에서도 그 의미가 있다고 할 수 있다.

국가는 자신의 국가(國歌)가 있고 군대는 군가(軍歌)가 있고 학교는 교가(校歌)가 있다. 교가란, 학교를 상징하는 노래이며 교가에는 그 시대를 배경으로 한 학교의 교육정신이나 목표 및 특성 등이 담겨 있다. 교가는 학생들로 하여금 애교심을 길러주고, 동시에 학교에 대한 소속감과 협동심을 기르기 위해 학교가 특별히 제정하여 학생들에게 부르게 하는 노래이다. 우리나라 교가의 시작은 근대 신식 교육기관이 출현한 이후에 등장하였다. 중국 조선족학교 교가는 1906년 중국 최초의 근대 교육기관인 서전서숙(瑞甸書塾)의 교가가 최초이다. 중국 조선족학교는 시대적 배경에 따라 서로 다른 선율을 차용하여 교가를 만들어 학

22 지금 이 시각에도 동북3성의 수많은 조선족학교가 문을 닫고 있을 것이다. 저자가 직접 본 농촌지역 조선족학교의 경우 많은 조선족학교가 학교 명패도 없었고 학생은 한두 명에 불과하였다. 이러한 학교는 언제 문을 닫을지도 모르는 상황에서 그 최후를 기다리고 있다. 실제로 많은 학교가 폐교되어 학교 건물은 다른 용도로 사용되고 있거나 잡초만이 무성한 흉물로 남아 있었다. 이러한 상황에서 옛날에 불렀던 교가는 사라져갈 것이다. 실제로 저자가 교가 수집 과정에서 학교가 폐교되어 짐을 정리하시는 교장선생님을 만난 적이 있었다. 그분 역시 교가에 대해 신경을 쓰지 않고 있었다.

생들에게 부르게 하였다.[23] 일본이 한반도 및 중국 동북지역을 점령하였을 때에는 반일 민족독립정신과 민족해방을 교육하였고 중화인민공화국이 성립한 이후에는 타국에서 사는 소수민족으로서 한민족의 문화 선양과 민족교육을 노래하였다.

본고는 2010년 8월과 2011년 1월 두 차례에 걸쳐 중국 길림성 각지를 돌아다니면서 수집한 현존하는 조선족학교의 교가와 이미 폐교된 조선족학교의 교가 130개를 대상으로 연구하고자 한다. 본 논문의 연구대상인 조선족학교의 교가는 유치원 원가, 소학교(초등학교) 교가, 중학교 교가, 고등학교 교가, 대학교 교가 등을 포함한다. 다시 말해,

〈표 4〉 연구대상 조선족학교의 교가[24]

지역 / 학교	유치원	초등학교	중고등학교	통합 조선족학교	대학교	기타	합계
연변조선족자치주	3	47	33	2	10	6	101
장춘지구	0	3	2	1	0	0	6
길림지구	0	3	3	0	0	0	6
사평지구	0	0	1	0	0	0	1
통화지구	0	4	8	0	0	2	14
백산지구	0	1	1	0	0	0	2
합계	3	58	48	3	10	8	130

23 처음의 교가는 대부분이 찬송가에 새로운 가사를 붙이거나 외국의 민요나 국가에 우리 가사를 얹어 부르기 시작하였다. 전간도 지역에서는 1908년 명동학교의 설립과 더불어 182개의 한인학교가 설립되었으며 애국계몽의 일환으로 교육을 통한 구국운동이 전개되었다. 각 학교는 교가를 지어 부르기 시작하였다. 대부분의 교가는 애국적인 내용을 바탕으로 하며 학생들에게 학문에 정진할 것을 권하는 것이었다. 명동학교의 교가는 통일찬송가 79장의 선율을 차용하였다. 김보희, 「북만주지역의 독립운동가요」, 『한국음악연구』 제43집, 한국국악학회, 2008년, 22쪽 참조.

한반도를 떠나 중국에 자리 잡고 민족교육을 꾸준하게 실시해온 중국 길림성 조선족학교의 교가에 주목하여 조선족학교 교가를 다각적으로 분석하고자 한다.

수집된 조선족학교의 교가를 시대별로 살펴보면, 1940년대 설립된 조선족학교의 교가가 21개로 가장 많은데 이는 전체의 16.2%에 해당되었다. 다음으로 가장 높은 비율을 차지한 시기는 1920년대 설립된 조선족학교의 교가로 19개이며 전체의 14.7%를 차지하였다. 이 외에도 1950년대가 18개로 전체의 13.9%를 차지하였다. 수집된 조선족학교의 교가를 살펴보면, 최근에 설립된 조선족학교보다 예전에 설립된 조선족학교의 교가를 더 많이 수집하였다는 것이다. 이는 길림성 지역의 조선족학교가 오래되었으며, 이들 대부분 교가를 가지고 있다는 것이다. 이는 또한 최근에 설립된 조선족학교가 많지 않다는 사실도 설명할 수 있다.[25]

수집된 조선족학교의 교가를 현존하는 학교와 이미 폐교된 학교로 나누어 살펴보면, 현존하는 조선족학교의 교가는 71개로 전체의 55%를 차지하였고 이미 폐교된 조선족학교의 교가는 59개로 전체의 45%를 차지하였다. 여기서 특이한 사실은 수집된 통합조선족학교의 교가

---

24 표의 (통합)조선족학교는 2000년대에 주로 이루어지고 있는 조선족학교 형태로, 주변의 조선족유치원, 조선족소학교, 조선족중학교, 조선족고등학교를 모두 모아 하나로 만든 학교 형태이다. 이 학교의 대부분은 새로운 교가를 만들지 않고 기존의 학교 교가를 사용하거나 교가가 없는 상황이 많았다. 기타는 주로 1949년 이전의 조선족학교로, 학교 명칭을 '* * 학교' 혹은 '* * 학교' 이외의 표현을 사용하면서 소학교와 중학교가 함께 있는 경우를 말한다. 또한 한 학교에 판본이 다른 교가가 있는 것도 있지만 여기서는 하나의 교가로 처리하였다.

25 조선족학교 설립의 급감은 조선족 인구와 밀접한 관계가 있다. 조선족 집거지의 붕괴가 조선족학교의 폐교로 이어진 것이다. 최근에 설립된 조선족학교의 교가의 수집이 많지 않은 또 다른 원인은 과거에 비해 교가에 대한 중요성을 느끼지 못하여 교가를 만들지 않기 때문이다. 이는 최근에 설립된 많은 통합조선족학교들이 교가를 새로 만들지 않고 예전의 교가를 그대로 사용하는 것에서도 알 수 있다.

〈표 5〉 시대별 연구대상 조선족학교의 교가

학교	1900년대	1910년대	1920년대	1930년대	1940년대	1950년대	1960년대	1970년대	1980년대	1990년대	2000년대	미확인	합계
유치원	0	0	0	0	0	0	0	0	0	0	0	3	3
소학교	3	6	12	11	3	7	7	1	3	3	1	1	58
중고등학교	0	0	5	4	16	9	4	3	4	3	0	0	47
대학교	0	0	1	0	2	2	0	0	1	1	1	2	10
통합 조선족학교	0	0	0	0	0	0	0	0	0	1	1	1	3
기타	3	3	2	0	0	0	0	0	0	0	0	0	8
합계	6	9	20	15	21	18	11	4	8	8	3	7	130

는 모두 현존하는 조선족학교라는 사실과 기타에는 모두 폐교된 조선족학교라는 사실이다. 이는 통합조선족학교의 출현이 최근의 일이라는 것이다. 또한 기타에 속한 조선족학교가 모두 광복 이전의 학교라는 것이다. 이 외에도 유치원 원가가 있었던 유치원은 모두 폐교된 것으로 나타났다. 이는 현존하는 유치원은 있지만 원가가 있는 유치원이 없음을 나타내는 수치라고 할 수 있다. 그 밖에 소학교, 중고등학교와 대학교의 수집상황은 현존하는 학교가 폐교된 학교의 수집 상황보다 약간 높게 나타났다. 이는 폐교된 학교의 수에 비하면 매우 적은 양으로, 폐교된 조선족학교의 교가 수집이 쉽지 않음을 보여준다.[26]

26 폐교된 조선족학교의 교가에 대한 수집이 어려운 이유는 이미 없어진 학교의 교가를 찾기가 어렵다는 뜻이다. 이러한 결과는 그동안 조선족학교의 교가에 대한 체계적인 관리가 이루어지지 않았기 때문이다. 따라서 수집하기 위해서는 단지 몇 가지 방법에 의지할 수밖에 없다. 가장 보편적인 방법으로는 그 지역의 조선족학교나 교육국을 찾아가 당안실에서 폐교된 교가를 찾는 것이다. 그러나 이 방법은 상대방의 협조가 필수적이다. 또 다른 방법은 학교 자체행사인 '건교 * * 주년 기념책자'를 찾는 것이다. 하지만 이러한 출판물을 발행한 학교가 많지 않은 것도 큰 어려움이다. 이 외에도 작사가나 작곡가의 작품집에서 찾을 수 있고, 각 지역의 문사자료집에서 찾을 수 있다. 항일사료집이나 조선족 교육사료집에서도 찾을 수 있지만 악보

〈표 6〉 현존 및 폐교 연구대상 조선족학교의 교가

학교	유치원	소학교	중고등 학교	대학교	통합 조선족학교	기타	합계
현존 조선족학교	0	34	30	4	3	0	71
폐교 조선족학교	3	25	17	6	0	8	59
합계	3	59	47	10	3	8	130

폐교로 방치된 조선족학교

정리하면, 지난 100여 년 동안 200만 중국 조선족들은 후대교육을 위해 학교를 설립하였고 교가 역시 창작되었다. 그러나 조선족학교의 교가는 관리가 제대로 되지 않아 소실되거나, 조선족 인구감소의 원인에 따른 조선족학교 폐교로 인해 동시에 교가도 망실되었다. 그 결과 사라진 조선족학교의 교가를 수집하는 일은 점점 어려워지고 있다.

는 없고 가사만 있다. 이러한 방법은 극히 양이 적어 수집에는 한계가 있다. 폐교된 학교를 졸업한 사람에게 교가를 직접 녹음하는 방법이 있지만 이런 경우 폐교된 학교의 졸업생을 찾아야 하고 그 사람들이 졸업한 학교의 교가를 기억하는 경우도 많지 않았다.

2. 연구대상 조선족학교 교가의 분석

1) 작곡가 및 작사가

(1) 작곡가

작곡은 음악의 형태를 구성하는 중요한 요소 중 하나이다. 그로브 사전에서의 작곡의 개념은 음악을 만드는 행위와 과정 또는 그러한 행위의 소산물로 규정하고 음악의 연주과정에서 음악작품으로 인식 가능하게 남아 있는 작품이나 그러한 작품을 만드는 행위를 작곡이라고 설명하고 있다.[27]

중국 조선족학교의 교가의 작곡은 모두가 여러 사람들을 통하여 작곡되지는 않았지만 많은 교가의 경우 집체 혹은 두세 사람이 공동 작업을 한 경우가 있다는 점에서 한 학교의 교가 창작에 많은 사람들이 참여하고자 했음을 추측할 수 있다. 또한 대부분의 작곡은 기존의 음악에서 재료를 가져와 형편에 맞게 적당하게 만들어가는 형식을 취한 듯하다. 그것은 많은 조선족학교의 교가의 음률이 비슷함에서도 알 수 있다. 또 다른 중요한 원인은 한국과 중국의 서양음악 역사가 그리 오래되지 않았다는 사실이다. 중국 조선족학교가 성립된 초기인 19세기 말이나 20세기 초에는 작곡조차도 쉽지 않았을 것이다. 한국과 중

27 변계원, 「한국음악에서 작곡에 대한 개념적 고찰」, 『음악학』 14, 한국음악학학회, 2007년, 29쪽.

국은 서양음악에 대한 수용이 늦었고 더구나 한국에서의 서양음악 수용은 대부분 군악대와 개신교의 찬송가를 통해 많이 이루어졌다.[28] 중국 조선족 역시 예외는 아니었다. 당시 일본으로부터 서양의 찬가가 들어와 새로 세운 학교들에서는 찬가를 정식과목으로 정하여 배우기 시작하였다. 또한 당시 교회가 많이 세워지면서 찬송가가 널리 불렸다. 찬송가와 찬가가 보급됨에 따라 이런 곡조에 새 가사를 담아 새 생활을 반영한 노래들이 나오기 시작하였는데, 조선족들이 세운 사립학교들에서는 반일 성격을 띤 새로운 노래들을 만들어 불렀다. 이런 노래는 모두 서양조식, 서양가요의 품격을 가졌다.[29] 이후, 한반도의 일제 강점기에는 일본 음악의 영향도 컸다. 다시 말해, 서양음악이 본격적으로 수용되고 한반도에서 일본의 영향력이 절대적인 시기와 조선족학교가 설립되고 조선족학교의 교가를 창작할 당시의 시기가 거의 비슷하게 이루어졌다는 역사적 사실을 감안할 때 중국 조선족학교의 교가를 형성해나가는 데에도 많은 영향을 미쳤다고 말할 수 있을 것이다.[30] 따라서 이 시기 중국 조선족학교의 교가의 창작에 있어서는 창의력보다 적당한 음률을 찾는 것이 더 중요했을 것이다.

조선족학교의 교가의 작곡은 대부분이 음악교사에 의해 만들어졌다. 또한 작곡과 작사가 동일한 경우도 있으며 그렇지 않은 경우도 많았다. 다음은 조선족학교의 작곡가 현황을 나타낸 것이다.

---

28 신대철, 「한국 · 중국 · 일본의 서양음악 수용」, 『한국음악연구』 38, 한국국악학회, 2005년, 148-150쪽.

29 김남호, 『중국조선족 전통음악 대중음악론』, 민속원, 2010년, 432쪽 참조.

30 특히 민경찬은 자신의 논문 「중국 조선족의 항일군가와 일본의 노래」에서 일본 작곡가의 음률을 이용한 항일군가의 창작이 많다는 점을 서술하였는데, 중국 조선족학교의 교가의 창작에도 많은 영향을 끼쳤으리라 생각된다. 민경찬, 「중국 조선족의 항일군가와 일본의 노래」, 『한국음악사학보』 25, 한국음악사학회, 2000.; 민경찬, 「서양음악의 수용과 음악교육」, 『음악학』 9, 한국음악학학회, 2002년, 24쪽.

〈표 7〉 연구대상 조선족학교 교가의 작곡가 현황[31]

작곡가	교가 수	학교명	작곡가	교가 수	학교명
강송환	1	연길시신흥소학교	박송화	1	로투구소학교
강영태	2	통화현조선족중학교 통화현동안조선족소학교	박연숙	1	팔림소학교
강창현	1	동진소학교	박학림	3	연길시제11중학교 연길시제3중학교 인평소학교
고경암	1	영길현조선족제1중학교			
김경률	1	연변제1사범부속소학교	방철웅	1	도문시제2소학교
김경애	2	매하구시조선족중학교 석문진중심소학교	송영철	1	룡천소학교
			안국민	2	연변대학교 연변제1중학교
김광룡	1	훈춘시제4소학교	안홍민	1	장춘시이도구조선족소학교
김남호	1	연길시동산소학교	안홍천	1	북안학교
김득권	1	연길시제13중학교	윤옥매	1	길림시조선족중힉교
김득진	2	화룡현투토진제1소학교 훈춘시제5소학교	임영호	1	연남소학교
			이주호	1	연변과학기술대학교[32]
김려수	1	연길시제5중학교	임일	1	매하구시제11중학교
김명균	1	길림시룡담구강밀봉진 조선족중심학교	전광수	1	용신소학교
김문철	1	훈춘시제2고급중학교	전명룡	1	훈춘시제2소학교
김병갑	1	매하구시제2중학교	전승호	1	룡정제5중학교
김병주	1	용화소학교	전영권	1	조양소학교
김석주	1	류하현조선족실험소학교	전영룡	1	훈춘시제1실험소학교
김성민	1	배초구중학교	정동식	1	연길시제13중학교
			정예성	1	장춘시관성구조선족소학교
김수	1	왕청제3소학교	정해화	1	길림시조선족실험소힉교

31 조선족학교의 교가가 둘 이상인 경우, 판본에 따른 서로 다른 작곡가도 포함시켰다.

32 현재는 한국의 대중가수 해바라기 노래 〈사랑으로〉를 교가로 사용하고 있다. 개교 당시 제출된 교가는 중국 측 판단에 따른 가사 내용에 문제가 있어 중국 당국의 심의에 통과하지 못했기 때문이다.

작곡가	교가 수	학교명	작곡가	교가 수	학교명
김승걸	1	도문월청진조선족중학교	조동길	1	영길현조선족실험소학교
김영해	2	훈춘시제5중학교 훈춘시제6중학교	주문길	1	도문제1초급중학교
김예철	1	도문철도실험소학교	창모	1	연신소학교
김을섭	1	건공소학교	좌차식	1	길림시조선족실험소희교
김종린	1	룡정시광신향유신소학교	최나	1	연변대학부속중학교
남하진	2	왕청제1직업학교 왕청제2중학교	최명철	1	연변대학부속중학교
			최미사	1	동북군정대학길림분교
동희철	3	룡정고급중학교 화룡고급중학교 룡수소학교	최삼명	3	연변대학교 연길시실험중학교 연길시제10중학교
량춘복	1	서성중학교	최석호	1	안도현조선족학교
려영자	1	영길현조선족실험소학교	최정숙	1	연길백화상점유치원
류경자	1	장백현제2실험소학교	최훈	1	화룡시제3중학교
류영섭	5	의란소학교 석현종이공장자녀제2소학교 화룡현신동소학교 화룡현제1실험소학교 도문시제3소학교	하미자	1	연길시태평소학교
			한정칠	1	도문월청진중심소학교
			한해진	1	류하현조선족완전중학교
류영철	1	공주령시조선족중학교	허성일	1	장춘시조선족중학교
류태봉	1	개산툰화학섬유팔프공장자녀제2소학교	허원식	1	연변대학교
리득송	1	돈화시제2중학교	홍성국	1	장춘시제2조선족중학교
리경득	1	룡정중학교	집체[33]	4	집안시조선족중학교 연변로간부대학 중앙소학교 룡정실험소학교
리대현	1	통화시조선족소학교			
리룡길	2	연길시제8중학교, 왕청제2소학교			
리봉숙	1	길림시조선족실험소학교			
리상률	1	장백현제2중학교			

33 여기서 말하는 집체는 해당 학교의 많은 교원들이 함께 참여했다는 뜻으로 이해하는 것이 좋을 것이다.

작곡가	교가 수	학교명	작곡가	교가 수	학교명
리상희	1	조양천제1중학교	미상[34]	6	신흥무관학교 은진학교 대성중학교 광흥중학교 화흥중학교 왕청제5중학교
리세원	1	교하시조선족중학교			
리영란	1	연길시제13중학교			
리원경	1	연변제1사범학교			
리종화	1	매하구시제11중학교			
리철수	1	왕청현제2실험소학교			
리하수	2	연변위생학교, 동불소학교			
림만호	1	6 · 1유치원			
문영준	1	통화시조선족중학교			
문재봉	1	장백현제2실험소학교			
박로덕	1	매하구시조선족실험소학교			
박문국	1	연변재정무역학교			
박상준	1	신안소학교			

조선족학교의 교가의 작곡가 현황을 통하여 알 수 있는 특징은 다음과 같다. 첫째, 교가의 작곡가들은 여러 학교의 교가를 작곡하지 않았다. 그 원인은 다음과 같다. 그 학교 출신의 음악교사가 교가를 작곡한 경우가 많았다. 이것을 반대로 해석하면 전문적인 작곡가 출신이 학교의 교가를 작곡한 경우는 많지 않다는 사실이다. 그러나 위 표를 통해서 알 수 있는 바는 전문적인 작곡가일 경우, 비록 작곡한 교가의

34 표에서 미상이란 교가의 악보와 가사는 있지만 누가 작곡하고 작사했는지 알 수 없는 경우에만 해당한다. 수집과정에서 작곡가를 구하지 못한 경우와 초기 조선족학교의 악보는 없고 가사만 있는 경우 등 두 가지는 위 표에서는 제외하였다. 제외된 학교는 다음과 같다.

> 동명학교, 성성학교, 창동학원, 연길시북산소학교, 룡정제3소학교, 길림성제4사범학교, 길림성립연길시제2중학교, 연길시제2중학교, 백산실험학교, 동흥중학교, 창동학교, 서전서숙, 명동학교, 룡정시로인대학, 양정소학교, 명신여교, 구태시조선족학교, 연변고급중학교

수는 많지 않지만 여러 조선족학교의 교가를 작곡하였다는 점이다. 연구대상 조선족학교 중에서 류영섭이 작곡한 조선족학교의 교가는 모두 5곡이다. 류영섭은 중국 조선족의 대표적인 작곡가이다. 그는 1934년 함경남도 함흥시에서 태어났다. 1953년 연변사범학교 음악반을 졸업하고 화룡현의 여러 조선족학교 및 국가 기관에서 음악적 활동을 하였다. 특히 소년아동가요를 300여 수를 발표하여 이 분야의 독보적인 인물 중 한 사람이다. 그 다음으로 교가를 많이 작곡한 사람은 동희철, 최삼명, 박학림 등으로 모두 3곡씩 작곡하였다. 2곡을 작곡한 사람은 모두 9명이다. 나머지는 모두 한 곡씩 작곡하였다. 둘째, 조선족학교의 교가 작곡은 여러 명이 함께 참여한 경우가 많았다. 다시 말해 작곡을 한 사람이 한 것이 아니라 두 사람 혹은 세 사람이 함께한 경우가 많았다. 심지어는 집체가 작곡한 경우도 4곡이나 되었다. 셋째, 조선족학교의 교가가 여러 판본이 존재하고 있다.[35] 판본이 다른 경우에는 작곡가가 다른 경우도 있고 같은 경우도 있었다. 이 두 가지 경우 모두 교가를 새로 다시 만들었다는 사실이다. 이러한 현상이 나타난 이유는 몇 가지로 추정할 수 있다. 우선, 위에서도 언급하였듯이 조선족학교의 교가는 학교 교사가 자체적으로 만든 경우가 많았다. 이러한 원인으로 시대적 요구에 따라 혹은 교장의 결정에 따라 어렵지 않게 학

---

35 저자가 직접 수집을 하면서 서로 다른 교가가 존재함을 알게 되었다. 서로 다른 교가 판본을 비교하면, 다름의 정도가 대체로 심하지 않음을 알 수 있다. 연구대상 조선족학교의 교가 중에서 판본이 2개 이상인 경우는 23개로 다음과 같다.

> 6 · 1유치원, 동산소학교, 조양소학교, 연길시실험중학교, 연변대학부속중학교, 연변제1사범학교, 창동학원, 동불사제1중심소학교, 룡정실험소학교, 명동학교, 은진학교, 창동학교, 왕청화흥중학교, 안도조선족학교, 훈춘제4소학교, 길림시조선족실험소학교, 매하구시조선족실험소학교, 장백현제2실험소학교, 장춘시관성구조선족소학교, 통화시조선족소학교, 장춘시조선족중학교, 동명학교, 신흥무관학교

교 교사가 다시 교가를 만들 수 있었다.[36] 다음으로는, 교가의 관리가 체계적이지 못하여 분실하고 다시 만든 경우이다. 넷째, 작곡을 한 사람이 작사를 한 경우가 거의 없다. 보통 작곡은 음악교사가 담당하였지만 작사는 조선어문 교사가 담당하거나 교장이 작업하는 경우가 많았다. 이러한 사실은 여러 사람의 의견을 존중하면서 함께 참여하고자 하는 당시의 풍조라고 말할 수 있다. 다섯째, 작곡가가 미상인 교가가 많았다. 연구대상 조선족학교의 교가 중 작곡가 미상은 모두 6곡이었다. 이런 현상의 가장 주요한 원인은 교가에 대한 기록이 없기 때문에 교가는 존재하지만 누가 만들었는지는 아는 사람이 없어 수집을 못한 경우이다. 작곡가가 미상인 경우에는 작사가도 미상이 경우가 대부분이었다. 여섯째, 학교가 다르지만 교가의 작곡이 같은 경우가 있다. 이런 경우에는 학교의 명칭이 바뀐 경우에 해당된다. 이에 후렴부분인 학교 이름만 바꿔 사용하였다. 예를 들어, 연변제1사범부속소학교와 연변대학사범분원부속소학교, 연길시연북소학교는 같은 교가를 사용하였다. 개산툰화학섬유팔프공장자녀제2소학교와 룡정개산툰아송제2소학교가 같은 교가를 사용하였다.

(2) 작사가

예술 창작을 하는 이들이 가장 고뇌하는 것은 아마도 새로운 것, 남들과 다른 것, 독특한 것을 만들어내기 위한 노력의 고민일 것이다. 즉, 자기의 창작에서의 예술적 차별성과 독창성을 표현하고자 노력하는 것이다. 그렇다면 그 차별성과 독창성을 갖는 창작을 구현하고자

36 도문월청진조선족중학교 음악교사 김승걸은 기존의 월청진조선족중학교 교가를 다시 만들었다. 김승걸 교사가 교가를 다시 만든 이유는 옛 교가가 어린 중학생들이 부르기 어렵게 작곡되었기 때문이라고 하였다. 안타까운 점은 이전의 교가는 유실되었다는 사실이다.

할 때는 단순히 생각나는 대로 감정적으로 표현하는 것이 아니라, 그 생각과 감정을 나름대로 정리하는 자신의 논리적 사고가 전제되어야 할 것이다.

음악에 있어서의 작사는 부르는 사람이나 듣는 사람들에게 음악의 사상 등을 명료하게 전달하기 위해 중요한 역할을 한다. 특히 교가처럼 학교의 교훈을 담거나 학생들에게 학교에 대한 애교심을 높이기 위한 가사의 역할은 매우 중요하다고 할 수 있다.

일반적인 교가 교육은 학생들의 정서를 순화시키고 덕성을 함양시키는 것을 목적으로 한다. 조선족학교의 교가일 경우 이러한 순수한 교육적 의미 이외에도 각 시대에 따라 그 시대적인 요구를 반영하기도 하였고 정책의 강화수단으로 교가를 이용하기도 하였다. 그 결과 조선족학교의 교가는 학생들의 요구를 만족시키려는 요구뿐만 아니라 시대적 요구에 부합하는 노랫말을 창작해야만 하였다. 그리고 교가라는 특징상 학생들이 쉽게 받아들일 수 있는 것에 중점을 주어 반복에 의한 강조의 개념이 많이 도입되었다.

대중음악은 대중의 기호를 맞춰야 한다. 상품성으로 오락적인 요소가 중요하다. 그러나 교가는 이와는 다르다. 교가는 지나치게 참신하면 안 된다. 학생들이 쉽게 흡수할 수 있는 음악적 요소가 필요하며, 학교가 추구하는 바가 작사되어야 한다.

이를 종합하면, 교가를 작사함에 있어 그 배경에는 학교의 교육철학과 목표 및 그 학교의 상징성 등이 노래 속에 함축적으로 포함되도록 해야 한다. 본 연구에서 분석하고자 하는 각 학교의 교가들도 이러한 배경에 충실하였다. 다음은 연구대상 조선족학교의 작사가 현황을 나타낸 것이다.

〈표 8〉 연구대상 조선족학교 교가의 작사가 현황[37]

작사가	교가 수	학교명	작사가	교가 수	학교명
강동수	1	돈화시제2중학교	박성천	1	장춘시이도구조선족소학교
겸병춘	1	길림시룡담구강밀봉진 조선족중심학교	박태기	1	은진학교
곽신덕	1	용화소학교	백재봉	1	동불소학교
김금련	1	연길시제8중학교	서정숙	1	연길백화상점유치원원가
김동철	1	통화현조선족중학교	손춘국	1	룡정시광신향유신소학교
김동호	1	연변대학교	송영철	2	룡천중학교 연길시태평소학교
김동균	1	장춘시조선족중학교	송영호	1	영길현조선족제1중학교
김두필	1	도문시제3소학교	신금자	1	도문제2소학교
김득만	8	연길시제13중학교 연변재정무역학교 연길시동산소학교 연변위생학교 연변대학부속중학교 동불소학교 왕청현제2실험소학교 연길백화상점유치원	신재호	2	훈춘시제2소학교 훈춘시제1실험소학교
			심창걸	1	왕청제1직업학교
			오수근	1	연변제1중학교
			윤태삼	1	조양소학교
			이상옥	1	연변대학교
김련옥	1	팔림소학교	이주호	1	연변과학기술대학교
김만석	1	연변제1사범부속소학교	임일	1	매하구시제11중학교
김문세	1	개산툰화학섬유팔프공장 자녀제2소학교	장영철	1	신안소학교
김문회	1	화룡현신동소학교	장한철	1	동북군정대학길림분교
김범수	1	조양천제1중학교	전운봉	1	연변제1사범학교
김복만	1	건공소학교	전증갑	1	도문월청진중심소학교
김석주	1	류하현조선족완전중학교	정령	1	매하구시제2중학교
김성	1	장백현제2실험소학교	정몽호	1	도문제3소학교
김성휘	1	룡정고급중학교	정순녀	1	영길현조선족실험소학교
김순녀	1	훈춘시제6중학교	정현자	1	연길시제5중학교

37 조선족학교의 교가가 둘 이상인 경우, 판본에 따른 작사가도 포함시켰다.

작사가	교가 수	학교명	작사가	교가 수	학교명
김영순	1	매화구시조선족실험소학교	정준갑	1	장춘시조선족중학교
김영애	1	길림시조선족실험소힉교	조혜선	1	연변대학사범분원
김영철	1	교하시조선족중학교	차녕호	1	연길시신흥소학교
김옥인	1	연변대학부속중학교	천윤식	1	공주령시조선족중학교
김욱	1	석문진중심소학교	최병렬	1	도문제1초급중학교
김응룡	2	연길시공원소학교 화룡고급중학교	최득천	1	연남소학교
			최문섭	1	의란소학교
김응준	6	길림시조선족중학교 중앙소학교 6 · 1유치원 화룡현투토진제1소학교 훈춘시제5소학교 훈춘시제5중학교	최영자	1	왕청제2소학교
			최창현	1	용신소학교
			최호순	1	장백현제2중학교
			한수범	1	훈춘시제2고급중학교
김정규	1	통화현동안조선족소학교	한윤호	1	화룡현제1실험소학교
김정애	1	장춘시관성구조선족소학교	함창도	1	안도현조선족학교
김종섭	1	왕청제3소학교	함창로	1	도문월청진조선족중학교
김창석	1	룡수소학교	허승한	1	화룡시제3중학교
김태갑	1	연변대학교	허하룡	1	장춘시제2조선족중학교
김태섭	1	석현종이공장자녀제2소학교	황태랑	1	동진소학교
김학송	1	연길시제11중학교	해당 학교 조선어 문조	1	통화시조선족중학교
김항옥	1	통화시조선족소학교	해당 학교 조선어 문조	1	안도현제4중학교
남영진	1	류하현조선족실험소학교	집체	7	서성중학교 매하구시조선족중학교 집안시조선족중학교 연변로간부대학교 인평소학교 룡정실험소학교 북안소학교
남희중	1	선재음악유치원			
남희풍	1	석현종이공장자녀제2소학교			
동심	1	연신소학교			
리귀철	1	룡정제5중학교			

작사가	교가 수	학교명	작사가	교가 수	학교명
리금남	1	연변재정무역학교	미상[39]	24	신흥무관학교[40] 동명학교 구태시조선족학교 성성학교 창동학원 은진학교[41] 연길시북산소학교 룡정제3소학교 길림성제4사범학교 길림성립연길시제2중학교 연길시제2고급중학교 연길시제10중학교 백산실험학교 연변고급중학교 동흥중학교 창동학교 서전서숙 명동학교 룡정시로인대학 양정소학교 대성중학교 명신여교 광흥중학교 왕청제5중학교
리금덕	1	배초구중학교			
리룡철	1	개산툰화학섬유팔프공장 자녀제2소학교			
리상각	2	연길시실험중학교 연변제1중학교			
리정심	1	연길시실험중학교			
리태수	1	룡정중학교			
리화진	1	동진소학교			
림웅걸	1	도문철도실험소학교			
마송학	1	매화구시조선족실험소학교			
맹길룡	1	연길시제3중학교			
박덕준	1	로투구소학교			
박영호	2	훈춘시제4소학교[38]			
박우근	1	도문제1초급중학교			
박운호	1	영길현조선족제1중학교			
박일석	1	왕청제2중학교			

38 이 학교의 경우 판본이 2개로 모두 작곡, 박영호 작사이다. 특징은 작곡의 음률은 두 판본이 같지만 작사의 경우 완전히 다른 내용이다.

39 표에서 미상이란 두 가지의 경우를 말한다. 첫째, 교가의 악보와 가사는 있지만 누가 작곡하고 작사했는지 알 수 없는 경우이다. 둘째, 악보는 없고 가사만 있는데 작곡가와 작사가를 모르는 경우이다.

40 이 교가의 경우 『중국조선족가요대전』 외 대부분의 자료에서는 미상이라고 되어 있다. 그러나 『20세기 중국조선족문학사료전집(항일가요)』에서는 리회영 작이라고 주에 간략하게 적었다.

41 연변대학 조선문학연구소에서 2009년에 편찬한 『20세기 중국조선족문학사료전집』 제3집 항일가요 편에서는 박태기작, 권철 수집이라고 되어 있다.

조선족학교의 교가 작사가 현황을 통하여 알 수 있는 특징은 다음과 같다. 첫째, 교가의 작사가들은 여러 학교의 교가를 창작하지 않았다. 작곡가와 마찬가지로 작사가도 대부분이 1곡을 작사하였다. 이러한 주요 원인은 대부분 작사가 학교에 근무하는 교장이거나 설립자, 국어교사 등을 중심으로 이루어졌기 때문이다. 그들은 특정분야의 전문적인 지식을 필요로 하는 작곡과는 달리 자신들의 애교심 및 학교 운영을 밝히는 작업으로 노랫말을 만들었다. 연구대상인 조선족학교의 작사가 중에서 가장 많은 노랫말을 창작한 작사가는 김득만[42]으로 모두 8곡을 작사하였고, 그 다음으로 김응준[43]으로 모두 6곡을 작사하였다. 그 밖에는 2곡을 지은 작사가가 5명이며, 이들을 제외하고는 모두 1곡의 교가를 작사하였다. 둘째, 집체가 작사한 경우가 많았다. 연구대상 조선족학교의 교가 중 집체가 작사인 경우는 7곡이나 되었다. 또한 각 학교의 조선어문조가 작사한 경우도 2곡이 포함되었다. 이외에도 2명이 함께 작사한 경우도 많았다. 작사의 경우 상대적으로 작곡보다는 전문적인 지식이 많이 필요없어 학교의 설립자, 교장 및 교감, 그리고 조선어문 교사 등 많은 사람들이 참여할 수 있었던 것으로

---

42 김득만은 중국 조선족 작사가 중 가장 유명하다. 그는 1940년 함경남도 북청에서 태어나 어릴 적 아버지를 따라 중국 길림성 왕청에 이주하였다. 1960년 처녀작 동시 「내가 일하는 사양장」을 발표하였고, 1966년 연변대학 어문학부를 졸업하였다. 특히 김득만은 약 50여 년 동안 동요 및 동시를 1,500여 수를 창작하는 열정을 발휘하였다. 주로 중국조선족소년보사, 연변인민방송국에서 일하면서 여러 차례 수상을 하였다. 그가 작사한 21수의 동요는 중국 소학교와 중학교 음악교과서에 수록되기도 하였다.

43 김응준은 현재 연변시인협회 회장을 맡고 있는 조선족 대표 시인 중 한 사람이다. 지금까지 수많은 시집을 출판하였고 한국에서도 그의 시집이 출판되어 많이 소개되었다. 김응준은 1934년 중국 길림성 훈춘시 밀강향 태평구에서 출생하였다. 1959년 연변대학 중문학부 졸업 후 훈춘시 2고중, 훈춘시 외사반공실에서 근무하였고, 1979년 이후에는 문학편집에 종사하였다. 주요 논저로는 1954년 처녀작 발표 후 시집 『별찌』, 『남자와 여자와 사랑과 시』, 『깊은 뿌리』 등 10부를 출간하였다.

판단된다. 셋째, 작사가만 알려진 경우가 있다. 작곡가는 알 수 없지만 작사가만 문헌을 통해 알려져 있는 학교가 있다. 화흥중학교가 이에 해당된다. 넷째, 악보는 남아 있지 않고 노랫말만 존재하는 학교가 많다. 〈표 8〉에서 알 수 있듯이 작사 미상의 대부분이 이에 해당된다.

2) 교가의 형식과 내용

(1) 교가의 형식

❶ 교가의 길이

가사의 음악적 형식에는 교가의 길이를 가지고 1절, 2절, 3절 등으로 나뉜다. 가사가 1절인 조선족학교 교가는 모두 16개였다. 가사가 2절인 조선족학교 교가는 92개로 가장 많은 비중을 차지하였다. 가사가 3절까지 있는 조선족학교 교가는 모두 22개였다.

〈표 9〉 연구대상 조선족학교 교가의 길이(절) 현황

구분	학교명		
1절	길림성립연길시제2중학교 길림성제4사범학교 길림시룡담구강밀봉진조선족중심소학교 동명학교 룡정고급중학교	룡정중학교 명동학교 서전서숙 성성학교 연길시제2중학교 연길현제3소학교	유신소학교 장춘시록원구조선족소학교 장춘시제2조선족중학교 집안시조선족중학교 화흥중학교
합계	16		

2절	개산툰화학섬유팔프공장 자녀제2소학교 건공소학교 공주령시조선족중학교 교하시조선족중학교 구태시조선족학교 길림시조선족실험소학교 길림시조선족중학교 도문시제2소학교 도문시제3소학교 도문월청진조선족중학교 도문월청진중심소학교 도문제1초급중학교 도문철도실험소학교 돈화시제2중학교 동불소학교 동진소학교 동흥중학교 룡수소학교 룡정시로인대학 룡정실험소학교 룡정제5중학교 룡천소학교 류하현조선족완전중학교 매하구시제2중학교 매하구시조선족실험소학교 매하구시조선족중학교 배초구중학교 백산실험학교 북안학교 서성중학교	석현종이공장자녀제2소학교 선재음악유치원 양정소학교 연길백화상점유치원 연길시동산소학교 연길시신흥소학교 연길시실험중학교 연길시연북소학교 연길시제10중학교 연길시제11중학교 연길시제13중학교 연길시제3중학교 연길시제5중학교 연길시제8중학교 연길시태평소학교 연길실험중학교 연남소학교 연변고급중학교 연변대학부속중학교 연변대학사범분원 연변대학사범분원부속소학교 연변로간부대학교 연변위생학교 연변재정무역학교 연변제1사범부속소학교 연변제1중학교 연신소학교 영길현조선족실험소학교 영길현조선족제1중학교 왕청제1직업학교 왕청제2중학교	왕청제3소학교 왕청제5중학교 왕청현제2소학교 왕청현제2실험소학교 6 · 1유치원 은진학교 의란소학교 인평소학교 장백현제2중학교 장춘시관성구조선족소학교 장춘시이도구조선족소학교 장춘시조선족중학교 조양소학교 조양천제1중학교 창동학교 창동학원 통화현동안조선족소학교 통화현조선족중학교 화룡고급중학교 화룡시제3중학교 화룡현신동소학교 화룡현제1실험소학교 화룡현투토진제1소학교 훈춘시제1실험소학교 훈춘시제2고급중학교 훈춘시제2소학교 훈춘시제4소학교 훈춘시제5소학교 훈춘시제5중학교 훈춘시제6중학교
합계	92		
3절	광흥중학교 대성중학교 동북군정대학길림분교 로투구소학교 류하현조선족실험소학교 매하구시제11중학교 명신여교 석문진중심소학교	신안소학교 신흥무관학교 안도현제4중학교 안도현조선족학교 연길시공원소학교 연변대학교 연변제1사범학교 용신소학교	용화소학교 장백현조선족제2실험소학교 중앙소학교 통화시조선족소학교 통화시조선족중학교 팔림소학교
합계	22		

❷ 교가의 박자

규칙적인 리듬의 결합이라는 개념은 원래 음악과 밀접했던 춤이나 시(詩)의 기원에서 찾아볼 수 있다. 서기 1200년경 기보된 음악에 박자가 처음 명기되었고, 이때 사용한 모두스 리듬이라는 짧은 리듬형은 단순 3박자 유형의 반복을 나타냈다. 1300~1600년 음악 이론에서는 2박자와 3박자가 인정되었지만 실제 리듬은 더 복합적이었고 이 외의 다양한 박자 조합도 포함하고 있었다. 17~20세기에 오늘날 사용하는 것과 같은 규칙적인 박자가 표준화되었다. 18세기에는 다악장 악곡에서 악장마다 조성이나 템포에 차이를 둔 것처럼 박자도 악장마다 바꾼다는 개념이 나타났다.

박자(meter)는 일정한 수의 박(拍)이 모여서 음악적인 시간을 구성하는 기본단위인 리듬 유형이다. 박자는 규칙적인 마디, 즉 소절로 나눌 수 있는데 서양 기보법에서는 마디를 소절선에 따라 구별한다. 악곡의 시작 부분에 표기된 박자표는 한 마디 안에 들어가는 박의 수와 기본 박의 길이를 나타낸다. 예를 들어 3/4박자는 1마디 안에 4분음표가 3개 있다는 것을 말한다. 박자표는 항상 각 마디의 첫 박에 강세가 있음을 암시하기도 한다. 박자에는 단순박자와 복합박자가 있다. 단순박자에는 2박자(2/2, 2/4) · 3박자(3/4, 3/8) · 4박자(4/4, 4/8)가 있다. 복합박자에도 2박자(6/8, 6/16) · 3박자(9/8) · 4박자(12/8)가 있지만 복합박자의 박자표는 3의 배수로 나타낸다. 다음은 연구대상 조선족학교의 교가의 박자를 조사한 결과이다.

〈표 10〉 연구대상 조선족학교 교가의 박자 현황[44]

박자	교가 수	백분율	학교명
2/4	12	9.2%	장춘시록원구조선족소학교 공주령시조선족중학교 신흥무관학교 선재음악유치원 용신소학교 화룡시제3중학교 장춘시제2조선족중학교 통화시조선족소학교 류하현조선족실험소학교 룡수소학교 도문철도실험소학교 화흥중학교
4/4	88	67.6%	길림시조선족실험소학교 장춘시관성구조선족소학교 장춘시조선족중학교 영길현조선족제1중학교 통화현동안조선족소학교 집안시조선족중학교 매하구시조선족실험소학교 매하구시제2중학교 연길백화상점유치원 건공소학교 연길시동산소학교 연신소학교 의란소학교 중앙소학교 조양천제1중학교 연변제1중학교 연길시제8중학교 연길시제11중학교 연변대학부속중학교 연변대학교 연변제1사범학교 연변재정무역학교 개산툰화학섬유팔프공장자녀제2소학교[46] 룡정실험소학교 유신소학교 대성중학교 길림시조선족중학교 장춘시이도구조선족소학교 교하시조선족중학교 길림성통화현조선족중학교 류하현조선족완전중학교 매하구시조선족중학교 매하구시제11중학교 장백현제2중학교 연길시공원소학교 연길시연북소학교[45] 연남소학교 인평소학교 조양소학교 연길시태평소학교 연길시제5중학교 연길시제3중학교 연길시제10중학교 연길시제13중학교 동북군정대학 길림분교 연변과학기술대학교 연변로간부대학교 연길시연변대학사범분원 연변위생학교 동불소학교 신안소학교 북안소학교 룡정중학교

44 악보가 같은 4곳의 교가는 한 곳 교가만 분석하였으며, 가사만 있고 악보는 구하지 못한 18개(13.8%)의 조선족학교의 교가는 제외하였다.

45 연변제1사범부속소학교, 연변대학사범분원부속소학교와 연길시연북소학교는 같은 교가를 사용하였다.

46 개산툰화학섬유팔프공장자녀제2소학교와 룡정개산툰아송제2소학교는 같은 교가를 사용하였다.

박자	교가 수	백분율	학교명	
			룽정고급중학교 은진학교 팔림소학교 화룡현투도진제1소학교 화룡현제1실험소학교 서성중학교 도문시제3소학교 석현종이공장자녀제2소학교 도문제1초급중학교 왕청현제2실험소학교 왕청제3소학교 왕청제2중학교 왕청제1직업학교 안도현제4중학교 돈화시제2중학교 훈춘시제5소학교 훈춘시제4소학교 훈춘시제6중학교	룽정제5중학교 룡천소학교 용화소학교 화룡현신동소학교 광흥중학교 도문시제2소학교 도문월청진중심소학교 도문월청진조선족중학교 동진소학교 왕청현제2소학교 배초구중학교 왕청제5중학교 석문진중심소학교 안도현조선족학교 훈춘시제1실험소학교[47] 훈춘시제5중학교 훈춘시제2고급중학교
변박 (2/4→4/4) (4/4→2/4)	6	4.6%	영길현조선족실험소학교 장백현조선족제2실험소학교 로투구소학교	통화시조선족중학교 연길시신흥소학교 연길시실험중학교
3/4	2	1.5%	6 · 1유치원	화룡고급중학교

위 표에서 알 수 있듯이 연구대상 조선족학교의 교가의 박자 중에는 4/4박자의 곡이 67.6%인 88곡으로 가장 높은 비율을 차지하였다. 사실 4/4박자는 많은 학교에서 교가의 박자로 사용하고 있다. 그것은 교가라는 악곡의 성격인 힘찬 기상을 표현하기에 가장 유리하고, 행진하면서 부르기에도 좋기 때문이다. 교가 중에는 도중에 악곡이 변하는 변박자로 구성된 교가도 6곡이 포함되어 있었다. 2/4박자는 12곡으로 9.2%, 3/4박자는 2곡으로 1.5%이다.

47 훈춘시제1실험소학교와 훈춘시제2소학교는 같은 교가를 사용하였다.

(2) 교가의 내용

교가의 내용은 한 학교를 표현하는 상징적인 노래로서, 교가에는 그 시대를 배경으로 한 학교의 교육정신이나 목표 및 특성 등이 담겨져 있다. 교가는 학생들로 하여금 애교심을 길러주고, 동시에 학교에 대한 소속감과 협동심을 기르기 위해 학교가 특별히 제정하여 학생들에게 부르게 하는 노래이다. 중국 조선족학교도 많은 학교가 시대적 배경에 따라 서로 다른 교가를 만들어 학생들에게 부르게 하였다. 일본이 한반도 및 중국 동북지역을 점령하였을 때에는 반일 민족독립정신과 민족해방을 교육하였고 중화인민공화국이 성립한 이후에는 사회주의 사상 및 타국에서 사는 소수민족으로서 한민족의 문화 선양과 민족교육을 노래하였다.[48]

교가의 일반적인 내용은 세 부분으로 나눌 수 있다. 앞부분에서는 주로 그 학교가 속한 지역의 역사성이나 특수성을 나타내는 지명이나, 산, 강 등의 이름을 사용한다. 중간 부분은 그 학교의 교육목적이나 설립정신 등을 나타낸다. 마지막 부분에서는 학교의 이름을 드높이는 강조 어구로 수식하고 있다. 여기서는 교가 가사에 포함된 여러 가지 내용을 알아보고자 한다.

❶ 교가에 나오는 지명과 인명

조선족학교의 교가에 나오는 지명은 학교가 위치한 곳의 지명이나 강, 산, 바다 등의 이름이었고, 한민족에게 정신적인 영향을 끼친 백두산(장백산)의 경우는 지역에 상관없이 많은 곳에서 사용되었다. 그러나 가사에 나오는 인명은 생각보다는 많지 않았다.

---

48 안병삼, 「中國 朝鮮族學校 校歌의 亡失과 그 特徵」, 『한국민족문화』 39, 한국민족문화학회, 2011년, 370-371쪽 참조.

〈표 11〉 연구대상 조선족학교 교가에 나오는 지명과 인명 현황

지구	지명과 인명
장춘지구	**지명**: 영화성(장춘시록원구조선족소학교), 장춘(장춘시조선족중학교), 송화강(장춘시이도구조선족소학교)
길림지구	**지명**: 송화호(길림시조선족실험소학교, 교하시조선족중학교), 송화강(길림시조선족중학교, 영길현조선족제1중학교), 룡담산(길림시조선족중학교), 라범산(교하시조선족중학교), 백두(영길현조선족제1중학교), 망뉴하(길림시룡담구강밀봉진조선족중심학교)
사평지구	**지명**: 료하(공주령시조선족중학교), 공주언덕(공주령시조선족중학교)
통화지구	**지명**: 장백/장백산/장백산맥(통화시조선족소학교, 통화시조선족중학교, 통화현조선족중학교, 집안시조선족중학교, 신흥무관학교), 통화산성(통화시조선족소학교), 혼강수(통화시조선족중학교), 라구하(통화현조선족중학교), 압록강물(집안시조선족중학교), 이통하(류하현조선족실험소학교), 삼원포(동명학교), 흑룡(신흥무관학교), 동해섬(신흥무관학교), 매하(매하구시조선족실험소학교, 매하구시조선족중학교)
백산지구	**지명**: 장백산(장백현제2중학교), 압록강(장백현제2중학교)
연변지구	**지명**: 해란강(연변고급중학교, 성성학교, 룡정실험소학교, 신안소학교, 유신소학교, 북안학교, 대성중학교, 룡정중학교, 룡수소학교, 팔림소학교, 서성중학교, 안도현제4중학교), 평강벌(룡수소학교, 화룡현투도진제1소학교, 서성중학교), 륙도하(연변고급중학교), 천지(안도현제4중학교), 장백/백두(연길시신흥소학교, 연변대학교, 연변제1사범학교, 왕청제3소학교), 장백산/백두산(성성학교, 개산툰화학섬유팔프공장자녀제2소학교, 화룡현제1실험소학교, 광흥중학교, 왕청제1직업학교, 안도현제4중학교), 두만강(개산툰화학섬유팔프공장자녀제2소학교, 신안소학교, 瑞旬書塾, 창동학원, 광흥중학교, 도문시제2소학교, 도문시제3소학교, 월청진중심소학교, 도문제1초급중학교, 월청진조선족중학교, 훈춘시제5소학교, 훈춘시제6중학교), 연집강/연집하(연길시신흥소학교, 연길시제3중학교, 연길시제8중학교, 길림성제4사범학교, 연길시연변대학사범분원), 모아산(연남소학교, 인평소학교, 연변고급중학교, 연길시실험중학교, 연길시제13중학교, 연변재정무역학교, 유신소학교, 동흥중학교), 비암산(연변고급중학교), 연길(연길시연북소학교, 중앙소학교, 연길시제10중학교), 연변(길림성립연길시제2중학교), 구룡봉(의란소학교), 마향봉(의란소학교), 부르하통강(조양소학교, 연길시실험중학교, 연길시제13중학교, 동불소학교, 로투구소학교), 천수하(조양천제1중학교), 삼봉산(조양천제1중학교), 북산(연길시제8중학교, 연길시제10중학교, 화룡현투도진제1소학교), 성자산성(연길시제11중학교), 연동교(연길시제13중학교), 매바위산(동불소학교), 도끼봉(로투구소학교), 룡정(룡정제5중학교), 흑룡강(은진학교), 태백산(은진학교), 남경터(은진학교), 불함산(瑞旬書塾), 오봉산(화룡현신동소학교, 화룡시제3중학교, 석문진중심소학교), 일광산(도문시제2소학교, 월청진중심소학교, 월청진조선족중학교, 도문철도실험소학교), 가야하(석현종이공장자녀제2소학교, 동진소학교, 왕청현제2실험소학교, 왕청현제2소학교, 왕청제3소학교, 배초구중학교, 왕청제2중학교, 왕청제5중학교, 왕청제1직업학교), 종이성(석현종이공장자녀제2소학교), 쿨룽산(배초구중학교), 망원봉(왕청제2중학교), 동북해(왕청제2중학교), 병풍산(동진소학교, 왕청현제2실험소학교, 왕청현제2소학교, 왕청제5중학교), 고구려, 부여(화흥중학교), 석운벌(석문진중심소학교), 이룡산(안도현조선족학교), 하발산(돈화시제2중학교),

	목단강(돈화시제2중학교), 오동성(돈화시제2중학교), 훈춘(훈춘시제1실험소학교, 훈춘시제4소학교, 훈춘시제5소학교, 훈춘시제5중학교), 홍기하(훈춘시제1실험소학교, 훈춘시제4소학교, 훈춘시제6중학교, 훈춘시제2고급중학교), 금삼각(훈춘시제2고급중학교) **인명:** 주덕해(연길시태평소학교), 한배검(창동학원, 명동학교), 석가모니(창동학원), 려금란(왕청현제2소학교), 뢰봉 · 뢰녕(훈춘시제4소학교)

위 표에서 알 수 있듯이 중국 조선족학교 교가의 가사에 나타난 인명은 모두 6명이었다. 지역적으로 보면 인명이 등장한 조선족학교의 교가는 모두 5개교로, 이들 학교는 연변조선족자치주에 소재한 학교이다. 등장한 인물에는 주덕해, 한배검, 석가모니, 려금란, 뢰봉, 뢰녕 등이다. 교가에 등장한 인물 중 주덕해와 한배검은 한민족이고, 석가모니는 인도, 려금란, 뢰봉, 뢰녕은 중국의 한족이었다. 주덕해는 원명이 오기섭이며, 1911년 음력 3월 5일 러시아의 극동지구에서 한 가난한 조선족 농민의 아들로 태어났다. 1920년 3월 중국 길림성 화룡현 수동촌에 정착, 1929년 혁명의 길에 들어섰고, 1930년에 중국공산주의청년단에 가입하고 1931년 5월 중국공산당에 가입하였다. 1937년 주덕해는 연안으로 돌아와 팔로군에서 근무하였으며, 1942년 항일군정대학과 연안해외연구반에서 학습하고 정풍운동에 참가하였다. 1945년 일본제국주의가 투항한 후 연안을 떠나 동북으로 진출하며 동북민주련군 의용군 3지

주덕해(1911-1972)

대 정치위원을 맡았고, 1948년 4월 동북행정위원회 민정부 민족사무처 처장을 맡은 후에는 동북행정위원회 부주임이 되었다. 중화인민공화국이 성립되기 전야인 1949년 3월 연변으로 돌아와 중공연변지위서기와 연변공서전문위원을 맡았고, 그해 4월에 연변대학 교장도 겸하게 되었다. 그 후 연변조선족자치구 당위서기, 자치구 주석, 연변조선족자치주 주당위 제1서기, 자치주 주장, 연변군분구 제1정치위원, 연변주정치협상회 주석을 역임하였다. 문화대혁명시기 주덕해는 박해를 받고 1969년 호북농장에 노동개조를 갔으며 1972년 7월 3일 61세로 별세하였다.

공산주의 사회에서 모범적인 사람의 대표격인 뢰봉은 1940년 12월 18일 호남성 창시에서 태어난 중국 인민해방군의 모범병사이다. 인민해방군에 투신해 평생을 이웃에 봉사한 그는 중국 공산주의의 이상형으로 추앙받고 있다. 물로 배를 채우며 한푼 두푼 모은 돈을 수재민들

뢰봉

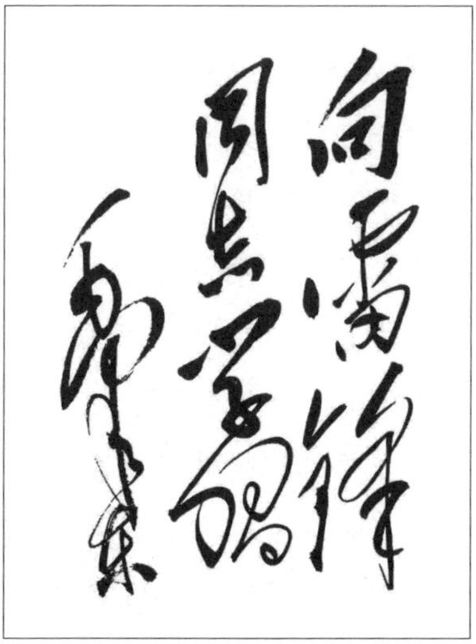

모택동이 쓴 '뢰봉을 따라 배우자'

에게 보냈다거나, 몸이 아파 병원에 가던 도중 공사장에서 일손이 달리는 것을 보고 벽돌을 함께 날랐다는 일화는 지금도 회자되고 있다. 1962년 8월 15일 요령성 푸순에서 22살의 젊은 나이에 교통사고로 숨지자 모택동은 '뢰봉을 따라 배우자'는 붓글씨를 썼다. 뢰봉 이외에도 청소년들이 따라 배워야 할 본보기로 거론되는 사람이 뢰녕이다. 그는 어린 나이임에도 불구하고 이웃을 위해 산불을 끄다가 죽었다.

중국 조선족학교의 교가의 가사에 나타난 지명은 모두 60여 곳이었다. 교가 속에서는 각기 학교가 위치한 곳에 있는 강과 산을 노래하였다. 교가 속에서 가장 많이 언급된 지명은 장백(산)과 백두(산)이다. 장백(산)은 중국에서 부르는 백두(산)의 명칭으로 16개 조선족학교의 교가에서 사용되었다. 이것은 예부터 한민족이 신성시하였던 백두산이 아직도 중국 조선족 사회에서 그 명맥을 이어오고 있다는 것을 알 수 있었다. 그 다음으로 많이 사용된 지명은 해란강으로 총 13개교의 교가에 사용되었다.

❷ 교가에 나오는 사회주의 용어

중국에서는 교육 역시 정치에서 완전히 자유로울 수가 없다. 이에 조선족학교 교가의 내용에는 정치적인 사회주의 용어가 많이 등장하였다. 이러한 내용의 등장은 정치적인 경향이 강한 시절에 만들어진 교가에서 두드러지게 나타났다. 즉, 중화인민공화국인 건립되고 문화대혁명이 끝날 때까지 이러한 경향은 두드러지게 나타났다.

사회주의 용어의 출현을 분석하면, 모두 26개의 조선족학교 교가에서 사회주의 용어가 출현했음을 알 수 있다. 사회주의 용어 중에서 가장 많이 등장한 용어는 '공산당'으로 모두 10개교의 교가에서 나타났다. 이와 반대로 사평지구와 백산지구에 소재하는 조선족학교의 교

〈표 12〉 연구대상 조선족학교 교가에 나오는 사회주의 용어 현황

지구	사회주의 용어
장춘지구	당(장춘시록원구조선족소학교), 현대화의 건설(장춘시조선족중학교) 혁명 전통(장춘시이도구조선족소학교)
길림지구	사회주의(길림시룡담구강밀봉진조선족중심학교) 붉은 뭇별/붉은 피(교하시조선족중학교)
통화지구	공산당의 은혜로운(통화시조선족소학교) 공산당 령도 아래/공산주의/혁명의 요람(통화시조선족중학교) 혁명전통(통화현동안조선족소학교) 혁명의 전통/당과 수령(집안시조선족중학교) 현대화의 건설/혁명의 전통(류하현조선족완전중학교)
연변지구	소선재횃불(연길시공원소학교), 장백(연길현립제3소학교) 당의 해살(연길시동산소학교), 붉은 피(연남소학교) 인민 위한 붉은 마음/항대전통(동북군정대학길림분교) 혁명의 길/혁명자/현대화건설(연변로간부대학교) 의료전선역군(연변위생학교), 사회주의 건설자(신안소학교) 사회주의 후계자/현대화 건설자(용신소학교), 당의 깃발(유신소학교) 당의 해살(룡정중학교), 공산주의 건설자/당의 해살(팔림소학교) 당의 해살/혁명전통/현대화의 건설자(용화소학교) 영웅정신/전국봉화(왕청현제2소학교), 공산당(훈춘시제1실험소학교) 혁명의 후계자(훈춘시제4소학교)

가에서는 사회주의 용어가 나타나지 않았다. 사회주의 용어가 나오는 교가의 경우 대부분이 50~70년대 창작되었기 때문에 현재의 시대적 흐름과는 맞지 않아 많이 부르지 않고 있다.

❸ 교가에 나오는 민족주의 용어

중국 조선족은 중국 내에서 비교적 한민족의 문화를 잘 보존하면서 살아왔다. 이러한 결과는 조선족학교에서의 민족교육도 중요한 요인이 되었다고 말할 수 있다. 예를 들어, 조선족학교 교가의 내용에도 민족주의 관련 용어들이 등장하였다.

〈표 13〉 연구대상 조선족학교 교가에 나오는 민족주의 용어 현황

지구	민족주의 용어
길림지구	민족문화(길림시조선족실험소학교) 민족교육전당(길림시조선족중학교) 겨레의 희망(길림시룡담구강밀봉진조선족중심학교, 교하시조선족중학교) 백두의 기상(영길현조선족제1중학교) 민족의 넋(교하시조선족중학교)
사평지구	우리말우리글(통화시조선족소학교)
통화지구	민족문화(통화현조선족중학교) 배달민족(동명학교) 배달의 나라 우리 조상(신흥무관학교) 한백년의 역사/겨레의 기백(류하현조선족완전중학교) 민족의 슬기(류하현조선족실험소학교) 겨레의 노랫소리/겨레의 글소리(매하구시조선족실험소학교) 민족의 얼(매하구시조선족중학교)
백산지구	우리 민족/우리 춤/우리 노래/우리말/우리글(장백현조선족제2실험소학교) 광복의 나날/백의 후손/민족의 넋(장백현제2중학교)
연변지구	겨레의 하얀 넋(연길시동산소학교) 겨레의 자랑찬 미래(연신소학교) 백의 민족(길림성립연길시제2중학교) 우리겨레 기둥감(연길시제2고급중학교) 백의 겨레 넋(조양천제1중학교) 흰옷/겨레의 하얀 넋(연길시제13중학교) 한배검/배달나라/(창동학원) 겨레의 희망(개산툰화학섬유팔프공장자녀제2소학교) 우리말우리글/백의민족 하얀 넋(동불소학교) 민족의 정기/민족의 장한/항일지사(룡정실험소학교) 배달의 영화(대성중학교) 무궁화/흰뫼(동흥중학교) 한뫼/한배검(명동학교) 발해나라/젊은 배달(은진학교) 구국안민(서전서숙) 흰뫼/형제의마음과힘모아(창동학원) 민족의 얼(안도현조선족학교)

민족주의 용어의 출현을 분석하면, 모두 33개의 조선족학교 교가에서 민족주의 용어가 출현했음을 알 수 있다. 민족주의 용어 중에서 가장 많이 등장한 용어는 '민족'과 '겨레'로 모두 21개교의 교가에서 나타났다. 이와 반대로 길림성의 중심인 장춘지구에 소재한 학교는 민

족주의 관련 용어가 있지 않았다. 여기서 주목할 사실 한 가지는 우리나라의 국화인 무궁화가 동흥중학교 교가에 나타났다는 점이다. 중국이 아직 국화가 없는 점을 감안하면 한국의 국화를 교가에 넣은 것은 무궁화가 조선족들에게도 많은 의미가 있다고 볼 수 있다.

3. 연구대상 조선족학교 교가의 가사 분석

1906년 중국 내 최초의 조선족 근대교육기관인 서전서숙을 시작으로 출현한 교가는 이후 수많은 조선족학교의 운명과 함께 나타났다 사라졌다. 이들 조선족학교는 개교와 함께 校歌를 창작하여 학생들에게 꾸준히 부르게 하였는데, 교가 가사에는 그 시대를 배경으로 한 학교의 교육정신이나 목표 등이 담겨 있다. 중국 조선족학교 교가 가사는 일본 패망의 결과인 조국의 광복과 중화인민공화국 성립 이후로 그 내용을 나누어 살펴볼 수 있다. 먼저 조국의 광복 전 조선족학교 교가는 주로 시대적 상황에 맞게 항일정신과 독립정신, 그리고 대중적 계몽의식과 민족정신을 일깨우는 내용을 담고 있다. 이와 함께 일본에 의한 강점된 조국의 상황과 타국에서의 힘든 타향살이 등도 표현되었다.[49] 이것은 중국에 거주하는 조선족 역시 다른 한민족과 마찬가지로 '조국 광복'이라는 오직 하나의 염원을 가지고 있었기 때문이었다. 따라서 모든 교육의 중심은 이것에 맞추어져 있었다. 다음으로 중화인민공화국이 성립된 이후에는 중국 조선족학교의 교가 가사는 또 다른 변화를 겪게 된다. 조선족은 중국에 거주하는 하나의 소수민족으로서

---

49 당시 교가 창작에 있어서 작곡보다는 전달하고자 하는 내용, 즉 작사를 더욱 중요시하였다. 교가 창작의 초기인 20세기 초, 교가의 작곡은 창작물보다는 당시 유행하던 찬송가와 찬가의 곡조를 빌려 사용하였다. 이와 관련한 작곡가와 작사가에 대한 자세한 내용은 다음 논문을 참고하면 좋겠다. 안병삼, 「中國 朝鮮族學校 校歌 分析」, 『인문연구』 제62호, 영남대학교 인문과학연구소, 2011년, 391-424쪽 참조.

의 중국인이 되었으며, 학교 교육은 중국 정부의 정책을 따라야만 하였다. 따라서 조선족만의 독자적인 교육방침과 교육철학은 존재하기 어렵게 되었다. 그 결과 조선족학교 교가 가사에는 한편으로는 중국 정부의 정책을 지지하는 공산당과 사회주의 찬양, 중화사상 등의 내용이 포함되었고, 한편으로는 중국 정부가 인정하는 테두리 안에서 민족의 주체성을 지키고자 하는 민족의 바람 등의 내용이 포함되었다. 이렇듯 중국 조선족학교의 많은 학교는 시대적 환경에 따라 서로 다른 교가를 만들어 학생들에게 부르게 하였던 것이다. 다시 말해 일본이 한반도 및 중국 동북지역을 강점하였을 때에는 학생들에게 독립의 신념을 심어주고자 반일 및 독립정신 그리고 민족해방 교육을 노래하였고 중화인민공화국이 성립한 이후에는 타국에서 사는 소수민족으로서 중국 공산당을 찬양하면서 동시에 한민족의 문화선양과 자부심을 노래하였다. 결국 이러한 모든 것들을 반영한 조선족학교 교가는 시대상을 보여준다고 말할 수 있다.[50]

교가는 그 시대를 배경으로 한 학교의 교육목표나 지역의 정서 등을 담고 있는 것이 일반적이다. 중국 조선족학교 교가 역시 광복 이전의 시대적 배경과 1949년 중화인민공화국 성립 이후의 정치적 · 사회적인 배경을 잘 담고 있다고 할 수 있다.[51] 광복 이전의 조선족학교 교가는 주로 시대적 상황에 맞게 항일정신과 독립정신, 그리고 대중적

---

50 안병삼, 「中國 朝鮮族學校 校歌의 亡失과 그 特徵」, 『한국민족문화』 제39집, 한국민족문화학회, 2011년, 370-371쪽 참조.

51 여기서 분명히 알아두어야 할 것이 있다. 저자가 중국 현지 수집과정에서 알게 된 것인데 교가의 관리가 제대로 이루어지지 않아 교가가 언제, 그리고 누구에 의해 만들어졌는지 확실한 자료가 없다는 것이다. 더구나 몇 차례의 수정 혹은 다시 창작을 하였을 경우에는 한 학교에 몇 개의 교가가 있을 수 있었다. 따라서 교가가 언제 만들어졌는지 확실하게 밝히는 것 역시 중요한 과제라고 생각한다. 그것은 교가가 창작 당시의 시대적 배경을 드러내고 있기 때문이다.

계몽의식과 민족정신을 일깨우는 내용을 담고 있다. 중화인민공화국 성립 이후의 조선족학교 교가는 공산당과 사회주의 찬양, 중화사상, 학교 자랑, 민족정신 고양 등의 다양한 내용을 표현하고 있다.

본 장에서는 수집된 조선족학교 교가 130개를 대상으로 개교한 시대별로 나누어 살펴보고자 한다. 먼저 1900년대부터 1949년 중화인민공화국 성립 이전까지 개교한 조선족학교 교가의 가사를 살펴본 후, 중화인민공화국 성립 이후부터 2000년대에 개교한 조선족학교 교가의 가사를 살펴보고자 한다.[52]

1) 1900년대부터 1949년 중화인민공화국 성립 이전의 조선족학교 교가

(1) 항일 및 독립의식 고취

당시 중국 조선족학교 교가 가사에 나타난 항일 및 독립의식 고취는 조선을 강점한 일본제국주의에 대한 항일운동의 교육으로 어린 학생들에게 독립의 신념을 심어주고자 하였다.

1910년 8월 경술국치로 인해 항일운동과 독립의식 고취를 위한 교육은 한층 더 강화되었고 더 나아가 무장투쟁 전개를 위한 인적자원

52 여기서 주의할 점은 중국 조선족학교의 개교연도와 교가 창작연도가 서로 같지 않다는 것이다. 가장 큰 이유는 교가가 수시로 수정되었기 때문이다. 예를 들어, 도문 월청진중학교의 개교연도는 1948년이지만 마지막으로 사용한 교가의 창작연도는 2008년도이다. 이 교가를 직접 작곡한 김승걸 선생님은 시대의 흐름에 맞춰 중학생이 부르기 좋게 하려고 새로운 교가를 만들었다고 하였다. 아쉬웠던 것은 이전의 교가를 수소문해도 구할 수가 없었던 점이었다. 본 논문에서는 최초 개교일, 현 교명 사용연도, 교가의 창작연도를 종합적으로 고려해서 시대적 상황을 잘 드러낸 교가를 중심으로 서술하겠다.

을 지속적으로 마련하고자 학교에서 군사교육이 강화되었다. 이러한 시대적 배경을 가지고 탄생한 것이 바로 신흥무관학교(新興武官學校)이다. 1911년 6월에 이회영, 이시영 등이 류하현 삼원포에 무관교육을 통한 독립군 양성의 목적으로 경학사(耕學社)의 부속기관으로 신흥강습소를 설립하였다.[53] 신흥이란 신민회의 '신' 자와 다시 일어나는 구국투쟁이라는 의미를 살려 '흥' 자를 합한 것이었다. 이는 후에 신흥학교와 신흥무관학교로 발전하였다. 1912년 이시영 등은 통화현 합니하(蛤泥河)에 이주하여 남구사차(南溝四岔)에 학교를 세웠다. 처음에는 교명을 대동중학(大東中學)이라고 하였다가 후에 신흥학교라고 개명하였다. 1915년 4월에는 양성중학(養成中學)으로 고쳤다가 1919년 신흥무관학교라고 고쳤다. 신흥무관학교 교장은 이천민, 부교장은 양규열, 학감은 윤기섭이 맡았다.[54] 이 학교의 특징은 군사교육에 치중하였다는 사실이다. 윤기섭이 일본군 병서와 중국 병서를 바탕으로 학교 실정에 맞게 새로 편찬한 병서를 사용하였다. 이 학교에서 군사이론 교육을 받은 학생들은 군사훈련을 통하여 군사인재로 장성하였다. 또한 통화현 합니하, 칠도구(七道溝) 등에는 분교를 두어 초등군사반을 편성하여 3개월간의 일반훈련과 6개월간의 후보훈련을 시켰다. 1920년 폐교 시까지 졸업생 2,000여 명을 배출하여 독립군 양성에 크게 기여하였다. 다음은 대한민국 우정사업본부가 신흥무관학교가 설립 100주년을 맞이하여 2011년 6월 10일 발행한 우표에 있는 신흥무관학교 교가이다.[55]

---

53 양춘식, 『西間島 獨立運動과 新興武官學校』, 연세대학교 교육대학원 석사학위논문, 2006년, 37쪽 참조.

54 박창욱 주필, 『개척』(중국조선민족발자취총서 1), 민족출판사, 1999년, 594-595쪽.

55 연변대학조선문학연구소 편, 『20세기 중국조선족문학사료전집』 제3집 항일가요, 연변인민출판사, 2009년, 638-639쪽.

칼춤 추며 말을 달려 몸을 연단코 새로 지식 높은 인격 정신을 길러
썩어지는 우리 민족 이끌어내여 새 나라 세울이 뉘뇨
우리 우리 배달나라에 우리 우리 청년들이라
두팔 들고 소리 질러 노래하여라 자유의 깃발이 떳다

신흥무관학교는 빼앗긴 조국을 되찾고 겨레를 구하기 위한 인격을 연마하고 군사지식을 배양하는 것에 집중한 실질적인 독립군 양성을 위한 군사교육기관였던 것이다. 이러한 성격은 교가에서도 잘 나타나 있다. '칼춤', '말', '새 나라', '자유' 등의 단어들은 이전과는 다른 무장 민족의식이 투철한 애국청년들을 양성하여 장차 독립운동가 혹은 사회봉사자로 만들고자 하는 의도가 뚜렷하였다. 군사훈련을 통하여 육체를 단련시키고 새로운 지식을 습득하고 높은 인격을 길러 자유로운 독립국가 건설을 촉구하고 있는 것이다. 또한 쓰러져가는 조국에 대해 다시 세울 것을 강조하는 두 번째 구절에서는 한민족 모두에게 국가에 대한 윤리적 · 집단적 책임감을 강조하여 충성심을 유도하고자 하였다. 지식 습득이나 인격 수양도 중요하지만 이것보다 시대적 상황을 보면 현재 필요한 것은 육체적 군사훈련이라는 신흥무관학교의 교육관을 엿볼 수 있다.[56] 교가 내용의 구성을 보면, 군사훈련 → 국가건립 → 투쟁독려의 구조이다. 먼저 칼과 말을 이용한 군사훈련과 정신무장을 강조하였고 이러한 무장을 통해 배달민족이 주체가 되는 새로운 국가건립을 주장하고 있다. 마지막에는 이러한 목표를 위해서는 행동만이 필요하다며 두 팔로 소리지르고 자유의 깃발을 들라고 투쟁을 독려하고 있다.

56 길태숙, 「재만조선인 항일투쟁노래의 과거와 현재적 의미: 신흥무관학교 교가를 중심으로」, 『동방학지』 제144호, 연세대학교 국학연구원, 2008년, 92쪽 참조.

(2) 민족의식 고취

일제의 무력에 직면하여 나라의 힘을 키우고자 하는 노력은 교육에 대한 지대한 관심으로 나타났고 이에 따라 1905년 이후의 학교 교육은 민족의식 고취라는 방향으로 활발히 전개되었다. 투철한 민족의식을 가진 인재만이 민족의 미래를 위해 봉사할 수 있고 독립운동가가 되어 새 나라를 세울 수 있다고 믿었기 때문이다. 교가 역시 이러한 정신을 표현하였다. 조국에 대한 사랑과 그리움, 조국의 암울한 현실, 전쟁에 대한 사기를 북돋아주는 민족투쟁의 정신 등의 가사를 통해 민족의식을 고취시켰으며, 교가의 첫머리에 '백두산', '두만강', '단군' 등의 단어를 사용함으로써 우리 민족의 얼을 강조하고 민족적 자부심을 드높였다.[57]

1910년 8월 29일 일제의 강압으로 경술국치를 당하게 되었다. 나라를 잃은 울분을 참을 수 없던 사람들은 망국노의 운명을 후손들에게 넘겨주지 않으려는 뜻을 품고 4칸짜리 기와집을 지어 1910년 11월에 창동학교(彰東學校) 개학식을 정식으로 거행하였다. 1914년에는 4년제를 6년제로 바꾸었다. 창동학교는 교육의 기본적 취지는 일본의 핍박

---

57 창동학원(昌東學院) 교가이다. 이 교가에도 그 당시 교가의 특징인 '흰 뫼(백두산)'와 '한배검(단군)'이 나타나 있다.

한줄기 뻗친 맥줄 흰 뫼 아래 韓倍儉이 처음 닦은 굳고 굳은 터
그 우에 우뚝 솟은 우리 창동은 인류문화 발전하려 떨쳐나섰다.
참스럽다 착하다 아름다워라, 정신은 자유요 리상은 독립

동흥중학교 교가 역시 첫머리에 '흰뫼'가 보인다.

모아뫼 앞에 바위 같은 저 높고 넓은 우리들의 집이다
무궁화 붉고 흰 뫼 높아 둥글어한 우리들의 얼이다
배꽃 동흥모는 가슴에 얼 없고야 그 무어랴

에도 굴하지 않는 민족의식을 환기시키는 것으로 삼았다. 1932년 8월에는 일본 순사들의 감시가 더욱 심해져 민족 지도자를 살해하고 학교 건물도 전소시켜 버렸다. 창동학교는 1931년 봄까지 모두 12회에 걸쳐 120여 명의 졸업생을 배출하였는데 제일 많을 때에는 11명이었고 적을 때에는 2명이었다. 학생 수는 많을 때에는 70여 명이었고 적을 때에는 40여 명이었다. 지금 전하는 교가는 창동학교가 정치형세에 따라 1926년 말에 원래 교가를 고쳐 만든 것으로 민족의식을 고취하고자 하였다.[58] 다음은 창동학교 교가이다.[59]

흰 뫼가 우뚝코 두만물 흐르는 널따란 벌판에
형제의 마음과 힘을 모디여 배움집을 세웠으니
창동 동천에 붉으레 돋는 해같이 젊은 생명에 힘을 주노라
보아라 보아라 이 세상을 보아라
주림에 우는 자 광야에 엎드러진 그 참경
오늘까지 사랑 없는 이 땅 즐거운 동산을 이룰 양으로
젊은 생명에 힘을 주노나

창동학교 교가는 흰 뫼(백두산)와 두만물(두만강)을 시작으로 1절은 민족정기가 서리고 민족의 힘을 모아 세운 곳에서 젊은이들에게 힘을

58 연변정협문사자료위원회, 『연변문사자료』(제5집), 내부발행, 1988년, 44-77쪽 참조.

59 연변정협문사자료위원회, 『연변문사자료』(제5집), 내부발행, 1988년, 59쪽. 여기서 1910년대와 1920년대에 중국 조선족이 세운 학교 명칭에서 '동(東)' 자가 매우 많이 들어가 있는 것을 볼 수 있다. 예를 들면, 명동 · 광동 · 정동 · 창동 · 흥동학교 등이다. '동(東)' 자는 해동(海東) 또는 동국(東國)을 뜻하는 것으로 옛날 우리나라를 다르게 부르던 말이다. 명동학교의 경우를 보면, 그 뜻은 '동쪽을 밝힌다'로 곧 독립운동 혹은 조국의 독립과 관련이 있다고 말할 수 있다. 이렇듯 학교 명칭까지도 조국의 독립과 관련이 있다고 생각할 때 학교 설립자들의 독립정신을 헤아릴 만하겠다.

주고자 한다는 내용이다. 백두산과 두만강은 우리 민족에게는 민족정기의 상징이다. 이러한 민족정기를 받아 세운 학교에서 젊은이들에게 민족의식 고취 교육에 대한 의지를 밝힌 것이다. 2절에서는 젊은이에게 참혹한 조국의 현실을 보여주며 민족의식을 고취하고자 하였다. 고국의 동포들은 먹을 것조차 제대로 먹지 못하고 굶주림 속에 생활하고 있으며, 광야에는 이로 인해 굶어죽은 사람들이 수없이 많은 비참한 광경을 묘사하였다. 이 교가에서 민족의식의 고취를 위해 민족의 참혹한 현실을 반영한 것이다. 조국의 참혹한 상황은 젊은이들에게 민족독립의 필요성을 절실히 깨닫게 하였다.

1908년 4월 27일 개교한 명동학교는 첫 해에 42명을 모집하였고 1910년에는 중학부까지 증설되었다. 1911년 3월에는 여성교육의 필요성을 느끼고 여학부를 두었는데 이것은 당시 연변지구에서 처음으로 실시된 여성학교 교육이었다. 명동학교는 민족의 독립의지 고취와 항일구국의 인재양성을 목적으로 하였고, 실제로도 수많은 항일 독립운동가들을 배출하였다. 1925년 용정의 은진중학교와 통합되어 문을 닫게 되기까지 18년간 무려 1,000여 명의 청년 학생들이 졸업하였다. 윤동주 시인뿐만 아니라 영화 〈아리랑〉을 제작한 나운규, 한국인 최초의 항공기 조종사 서왈보 등이 명동학교 출신이다. 다음은 명동학교 교가이다.[60]

흰 뫼가 우뚝코 은택이 호대한 한배검의 깃치신 이 터에

그 씨와 크신 뜻 넓히고 기르는 나의 명동

---

60 연변대학 조선문학연구소 편, 『20세기중국조선족문학사료전집』 항일가요, 연변인민출판사, 2009년, 354쪽.

명동학교 시절의 윤동주(가운뎃줄 맨 오른쪽)

웅장한 조상 피 이 속에 흐르니 아무런 일 겁낼 것 없구나
정신은 자유요 의기가 용감한 나의 명동

명동학교 교가 역시 첫머리에 한뫼(백두산)와 한배검(단군)을 통하여 우수한 민족정기와 유구한 역사를 가진 민족임을 강조하였다. 다음 구절에서는 역사적으로도 용감한 조상의 피를 이어받았으니 겁내지 말고 용감하게 싸워 조국의 광복을 이루자는 내용이다. 이러한 내용들은 학생들에게 애국적 자부심을 느끼게 함과 동시에 한민족이라는 공동체 소속감을 느끼도록 하는 데 그 목적이 있다고 하겠다. 명동학교 교가에서 두드러진 특징은 우리 민족의 시조인 단군을 직접 언급하여 우리 민족이 단군의 자손으로 반만년의 역사를 지닌 민족의 우수함을

밝혔고, 단군의 피로 이루어진 조선민족은 우수한 혈통을 가지고 있다고 직접적으로 조상의 피를 언급하여 용기를 북돋아준 점이다.

종합하면, 당시 중국 조선족학교 교가 가사에 나타난 민족의식이란 첫째, 나라 잃은 민족이 지닐 수 있는 독립을 향한 민족정체성이라고 할 수 있다. 이것은 일제의 폭력적 억압에 항거하여 새로운 국가를 만들자는 구체적 목적의식을 가진다. 둘째, 지금은 비록 나라를 잃은 약소국에 불과하지만 유구한 역사를 지닌 자랑스런 민족이라는 민족의 자긍심이라고 할 수 있다. 이것 역시 다시 우리가 옛날 조상들이 이룩했던 찬란한 민족문화를 꽃피워야 한다는 구체적 목적의식을 가진다. 셋째, 우리는 하나의 민족이라는 민족적 연대의식이라고 할 수 있다. 이러한 민족적 연대의식은 국수주의가 아닌 평화적 민족주의를 기초로 하며, 조국의 현실에 대한 무한한 책임을 강조하는 집단적 책임감을 포괄한다.

(3) 계몽 및 민족수난 극복

1906년에는 독립운동가 이상설은 용정(龍井)에 중국 조선족 지역 최초의 근대교육기관인 서전서숙(瑞甸書塾)을 설립하였다. 용정은 많은 한인들이 이주해와 있었으며, 북쪽으로 러시아와 통해 외교가 편리하며, 한국과 거리가 가까워 국권회복의 근거지가 될 수 있다고 판단했기 때문이다. 서전서숙의 터는 용정 천주교 회장 최병익의 집을 학교 건물로 개 · 보수한 것으로, 학교명은 그 지역의 서전평야에 설립하였다고 하여 서전서숙으로 명명하였다. 첫 숙장은 이상설, 교사는 김우용 · 황달영 등이었고, 운영은 이동녕 · 정순만이 맡았으며, 학생은 모두 22명이었다. 서전서숙의 모든 경비는 이상설이 부담하였다. 서전서숙에서 중점을 둔 교재내용은 신문화를 가르치는 것과 반일 민족교육을 진행하는 일이었다. 그러나 서전서숙은 이상설이 헤이그로 간 후 심각한 재정난과 일제의 간섭으로 1907년 9월 문을 닫았다.[61] 1년의 짧은 기간이었지만 이곳의 민족교육 방침은 이후 이 학교 학생이었던 김학연의 명동서숙(明東書塾) · 한민학교(韓民學校) 등 간도 · 연해주 지역의 많은 민족교육기관의 설립과 박무림의 간민자치회(墾民自治會) 등의 항일독립운동 조직에 영향을 끼쳤다. 서전서숙 교가는 다음과 같다.[62]

不咸山이 높이 있고 豆滿江이 둘렀는데
瑞甸書塾 창립하니 聰俊人才 雲集이라
人一已百 工夫하니 救國安民 하여보세

교가를 통해 알 수 있는 서전서숙의 설립목적은 신문화 교육과 민족교육을 통한 구국인재의 양성이다. 이러한 교육을 통하여 당시 민족이 겪고 있던 고난을 극복하고 백성이 편안하게 살기를 바라는 시대적 열망을 반영한 것이라고 할 수 있다. 이는 1905년 을사보호조약의 체결로 인하여 국권을 박탈당한 조선인들이 민족적 과제로서 인재양성을 통한 국권회복운동을 전개하지 않으면 안 되는 시대적 배경이 자리 잡고 있다. 이러한 국권회복운동의 추진은 무력으로 일제와 항전한 의병의 항일구국전쟁과 개화사상에 바탕을 두고 민족의 근대적 역량을 배양하여 국권을 회복하려는 애국계몽운동의 방향으로 표출되

---

61 吉林省地方誌編纂委員會, 『吉林省誌 · 教育誌』(卷37), 吉林人民出版社, 1992년, 367쪽. 1907년 폐교 뒤에는 서전서숙의 교직원들이 일부 학생들을 거느리고 훈춘 탑두구 부근으로 옮겨가서 서전서숙을 회복하고 학생을 더 모집하여 1년간의 수업을 거쳐 3개반 학생 74명을 졸업시키고 해산되었다. 김택 주필, 『연변문사자료』(제5집), 내부발행, 1988년, 3쪽.

62 허청선 외 주편, 『중국조선민족교육사료집 1』, 연변교육출판사, 2000년, 98-99쪽.

었다.[63] 애국계몽운동은 근대적 의식을 가진 대중에 기반을 두고 전개된 자주적인 구국운동이었다. 그것은 즉 일제에 대한 정면도전이나 직접적인 대결 대신에 실력양성의 교육으로 민족의식을 높이고 배양된 실력으로 국권을 회복하자는 구국운동이다.[64]

1900년대부터 1949년 중화인민공화국 성립 이전의 조선족학교 교육자들은 분명히 교가를 통하여 시대가 요구하는 것들을 학생들에게 부르게 하고자 하였다. 조국이 외세에 강점된 상태에서 조선족학교는 국가의 흥망성쇠가 국민의 정신에 있고 국민의 정신을 감화시키고 분발시키는 데는 노래의 곡조가 제일 효과가 있다고 생각하고 반일 · 민족사상 및 계몽의식을 담은 교가를 청소년들에게 보급하려고 매우 노력하였던 것이다.

지금까지 1900년대부터 1949년 중화인민공화국 성립 이전의 중국 조선족학교 교가의 가사를 살펴보았다. 이 시기 조선족학교들의 교가는 한 가지 중요한 공통점을 가지고 있었다. 그것은 바로 민족정신 함양과 민족수난 극복을 위한 가사를 만들었다는 점이다. 그래서 일본에 대한 적개심을 고취하고 반일사상을 강화하여 독립쟁취의 의지를 심었던 것이다. 이를 위하여 많은 교가에는 애국정신과 독립정신을 함양하는 내용, 우리의 원수를 잊지 말라는 내용, 일본의 침략행위와 식민지 정책을 폭로한 내용, 일제 침략에 대한 조선인의 영웅적 투쟁 내

63 박금해, 「滿洲事變以前 北間島民族敎育에 關한 一硏究」, 『인문과학연구논총』 제18집, 명지대 인문과학연구소, 1998년, 298-299쪽 참조. 박금해는 서전서숙의 설립목적이 전통적인 구식서당교육으로부터 근대적인 학교 교육으로 넘어가는 신학문의 교육기관으로서의 의의뿐만 아니라 만주 지역에서의 항일운동의 정신적 기반을 구축하고자 하는 민족교육의 역할을 수행하였다는 점에서 그 역사적 의의가 있다고 하였다.

64 이러한 애국계몽운동은 일제에 대한 항쟁으로 구한말 의병활동을 계승한 것이며 이후 독립운동으로 이어졌다.

용 등을 넣었다. 이처럼 조선족학교는 교가를 통하여 반일사상으로 무장하고 독립투쟁정신을 강화하는 큰 역할을 담당하였다.

결론적으로 1900년대부터 1949년 중화인민공화국 성립 이전의 조선족학교 교가는 주로 당시 시대적 상황에 맞게 항일정신과 독립정신, 민족의식 고취, 계몽 및 민족수난 극복을 위한 내용 등이 동시에 교가 가사로 표출되었다는 특징을 가진다. 이것은 조선족이 사는 지역에서 폭넓은 민족적 기반을 구축하고 독립운동사상을 배양하는 데 큰 공헌을 하였다.

2) 중화인민공화국 성립 이후부터 2000년대까지의 조선족학교 교가

(1) 사회주의 찬양

중화인민공화국이 성립되고 문화대혁명이 마무리될 때가지 중국은 정치적으로 매우 경직된 상태였다. 모든 사고의 틀은 정치색이 강한 사회주의 안에서 이루어졌고 사람들의 행동 역시 그 틀 안에서 인위적으로 행해졌다. 1949년 중화인민공화국 성립 이후 중국은 사회주의 공업화 건설과 농업, 수공업과 자본주의 상공업에 대한 개조가 진행되면서 점점 사회주의로 변모되었다. 중국은 사회주의제도로 이상적인 사회주의 단계로 진입하려고 하였고 현대화 건설의 물질문화 기초를 다지는 등의 큰 성과를 거두기도 하였다. 따라서 당시에 만들어진 중국 조선족학교 교가 역시 이러한 분위기에 맞게 사회주의 사상이 농후하게 나타났다. 특히 통화시조선족중학교의 교가는 당시의 정치적인 색깔이 매우 강한 교가를 지금도 사용하고 있었다. 통화시조선족중학교는 1945년 10월 조광중학(朝光中學)이라는 이름으로 개교하였다. 이 학교는 광복 후 중국 조선족 지역에서 가장 먼저 개교한 조선족 완전중학교이다. 통화제3국고(國高) 교원이었던 차운수 등은 일본수비대가 마구간으로 쓰던 3채의 낡은 집을 수리하여 교사(校舍)로 삼았다. 당시 교장은 차운수, 교원은 16명, 학생은 4개 학급의 200여 명이었다. 1949년 사립학교에서 공립학교로 변했고, 1950년에는 고중반을 증설하였다. 1960년 통화시조선족중학교로 명명되었다. 다음은 통화시조선족중학교 교가이다.[65]

장백산 뻗어내린 혁명의 요람 혼강수 굽이도는 강철의 기지
공산당 령도 아래 배움터 섰나니 아 사랑스런 나의 학교여
우리는 공산주의 건설의 후계자 교육방침 가리키는 빛나는 길 따라
스승의 품에서 배우고 또 배워 각오와 문화 있는 근로자 되리

통화시조선족중학교 교가의 내용은 1950-60년대 '교육은 반드시 무산계급정치를 위해 복무해야 하고 생산노동과 결합해야 한다'는 방침과 일맥상통한다. 매 구절마다 사회주의 건설을 표방하는 단어인 '혁명의 요람', '공산당 령도', '공산주의 건설' 등과 생산노동과 관련된 용어인 '강철의 기지', '근로자' 등을 사용하였다. 이것은 학교 교육을 통해 사회주의를 찬양하고 사회주의 건설에 앞장서자는 교가인 것이다. 전체적인 구성을 보면, 첫 구절에는 학교의 역할을 혁명의 요람이며 강철의 기지라고 설명하고 있다. 배움의 학교가 이미 사회주의 교육의 중심이라는 것을 말하고 있다. 두 번째는 이러한 사회주의 교육

65 이 교가는 저자가 2011년 1월 9일 통화시조선족중학교를 방문하여 문국철 교장선생님으로부터 받은 것이다.

은 공산당의 지시에 따라 이루어진다는 것을 설명하였다. 세 번째는 사회주의 교육방침으로 학생들을 공산주의 건설의 후계자로 육성하자는 내용이다. 마지막 구절에서는 사회주의 교육을 배우고 익혀 훌륭한 사회주의 근로자가 되라고 학생들의 미래를 구체적으로 제시하고 있다. 따라서 이 교가는 혁명의 요람(학교) → 공산당의 영도(정치) → 사회주의 교육(교육 내용) → 사회주의 근로자(학생의 미래)의 내용을 담고 있다.

집안시조선족중학교 교가 역시 사회주의를 찬양하고 있는 교가 중 하나이다. 집안시조선족중학교는 1957년에 집안현 유림진 주선구촌에서 개교한 학교로, 개교 당시 학교의 명칭은 집안시제3중학교였다. 당시에는 15명 교원과 170명의 학생이 있었다. 1964년에 학교를 집안현성으로 옮겼고 1968년에는 집안시조선족소학교와 합병하였고, 1971년에 고중부가 설립되면서 소학교는 1974년 다시 독립하였다. 2004년에는 집안시의 모든 조선족 유치원, 소학교, 중학교, 직업고등학교를 통합하여 현재의 기숙사형 집안시조선족학교가 되었다. 다음은 집안시조선족중학교 교가이다.[66]

장백산맥 줄기 뻗고 압록강물 감돌아
혁명의 전통 빛나고 형제민족 다정한 곳
당과 수령 세원 준 락원 배우기도 보람찬
아~~ 배우기 보람찬 정다운 우리 학교
나가자 동무들아 조국의 부름따라
과학의 높은 봉을 나래쳐 넘자

66 이 교가는 저자가 2011년 1월 10일 집안시조선족학교를 방문하여 얻은 것이다.

창작연도가 명확한 집안시조선족중학교 교가는 1962년에 만들어졌다. 1962년 전후 중국의 정치상황은 이상적인 사회주의 건설을 위해 공산당을 중심으로 단결해야 한다는 경직된 분위기가 계속되었다. 1953년경부터 중국 내에서 사회주의화가 본격적으로 진행되기 시작해 인민정치협상회의를 대신해 인민대표대회를 설립하고, 농업생산합작사를 조직했다. 1956년에 있었던 '백화제방 백가쟁명'(百花齊放 百家爭鳴) 운동에서 지식인들에 대한 비판이 1957년 6월 반우파투쟁으로 나타났다. 1958년, 모택동은 대약진 운동을 시작하면서 인민공사화를 추진했다. 그러나 무계획적으로 진행된 대약진 운동은 2,000만 명에서 4,000만 명에 달하는 대규모의 아사자(餓死者)를 내고 실패로 끝났다. 그 후 유소기가 경제적인 발전을 시도하였다. 이러한 분위기에서 공산당의 과거 성공했던 혁명전통이 절실하였고, 당과 주석을 중심으로 한 인민들을 위한 사회주의 낙원을 건설해야만 하였다. 이를 위해 학생들은 조국의 부름에 따라 과학적인 생산활동을 해야 했다. 교가는 이러한 사회적 배경을 그대로 반영하였다. 첫 구절은 백두산과 압록강이 자리 잡은 곳에서 중국 공산당의 혁명전통을 본받자는 것이다. 중간 구절은 공산당과 모택동 주석이 만들어준 사회주의 정권에 감사하자는 내용이다. 마지막 구절은 당이 부르면 무조건 과학적인 방법으로 사회에 봉사하자는 내용이다. 여기서 특이한 것은 당시 시대적 요구에 따라 과학적인 생산 활동을 강조한 점이다. 실수가 있어서는 안 되는 긴박한 상황에서 과학적인 접근이 필요했음을 절실히 느낀 결과라고 할 수 있다.

(2) 중화사상 고취

개혁 · 개방 이후에는 경제적 발전이 조금씩 이루어짐에 따라 정치적 색깔보다는 중화사상을 통하여 중국 문화에 대한 자부심을 학생들에게 심어주고 동시에 여러 민족들을 통합하여 사회적으로 안정된 국가를 만들려는 움직임이 많이 보였다. 즉 중국 중심적인 질서관을 심어줄 필요가 대두되었다. 다민족 다문화를 가진 중국은 모든 민족이 중화사상을 중심으로 대단결을 이룰 필요가 있었던 것이다. 이러한 취지는 많은 학교에서도 중화사상을 학생들에게 심어줘야 한다는 생각과 결합되어 중화주의가 반영된 교가가 창작되었다. 중화사상의 고취는 문화민족주의로 발전할 수 있으며 한족을 포함한 중국 내 민족 56개를 중화민족이라는 관념으로 바라보려는 중화민족론을 대두시켰다. 그 결과 소수민족인 조선족 학생들에게는 민족의 정체성을 약화시켜 한족동화를 더욱 가속화시키는 결과를 가져왔다.[67] 이러한 결과는 중국 정부가 원하는 것이기도 하다. 각 소수 민족들의 강렬한 민족성 유지보다는 중화사상을 바탕으로 중화민족으로 다시 태어나 조국 '중국'을 위해 일하는 일꾼을 키워야 했기 때문이다.

연길시에 자리 잡은 건공소학교 교가는 이렇게 만들어진 교가 중 하나이다. 건공소학교는 1943년 10월 개교할 당시에는 소화국민우급학교였다. 중화인민공화국이 성립된 이후에는 연길시하남완전소학교, 연길시제4소학교로 개칭되었다가 1988년 학생 수의 증가로 연신소학교와 분교되면서 건공소학교로 개칭하여 지금까지 이어오고 있

67 조선족 청소년들이 한국에 대한 관심이나 지식이 그리 높지 않은 것은 조선족들이 중국에서 오랫동안 뿌리를 내리고 살다보니 그 후손들인 청소년들이 선조들에 대해서도 잘 모르고 있고 또한 관심을 가질 기회도 별로 없었기 때문이 아닌가 여겨진다. 김익기 외, 「중국의 한민족 청소년 현황 및 생활실태 연구」, 한국청소년정책연구원, 2007년, 84쪽 참조.

다.[68] 다음은 건공소학교 교가이다.[69]

원대한 리상을 품은 우리 동창들아
중화의 진흥을 위해 몸과 맘 다지자
모교의 영예 떨친 선배들 전통을 이어가며
부지런히 배우자 조국은 부른다

과거의 찬란했던 중화문명의 영광을 오늘날 계승하자는 내용으로 구성된 건공소학교 교가는 이전에는 볼 수 없었던 중화사상을 고취한 교가이다. 이러한 교가가 나타난 시대적 배경은 중국의 경제발전에 따른 자신감에 기인한다. 중화인민공화국이 성립한 이후에는 전통사상에 대해 부정적이었고 이러한 부정적인 사고는 문화대혁명 때에 절정에 다다랐다. 고대의 문명은 '모두 파괴하고 새롭게 건설하자'(先破後立)고 주장하였다. 이러한 전통문화의 파괴는 곧 사회주의 문화를 건설하기 위한 전제 조건이 된다고 생각했던 것이다. 그 결과 중화문명에 대한 관심은 전혀 없었다. 중국이 1970년대 말 등소평의 개혁 · 개방을 정책을 실시하고 경제가 발전하자 중국은 스스로 찬란했던 중화문명에 관심을 기울이고 적극적으로 개발하기 시작하였다. 또한 대대적으로 중화사상을 전파하기 시작하였다. 이러한 분위기는 학교 교육에서 민족대단결이라는 명분 아래 진행되었고 교가에도 나타나기 시작하였다. 건공소학교 교가에 나타난 중화사상 고취의 방식은 한결같이 '중화의 진흥'처럼 중화라는 단어를 직접적으로 사용하여 전체적인 교

68 東北朝鮮民族教育科學研究所 編, 『中國朝鮮族學校誌』, 東北朝鮮民族教育出版社, 1998년, 584-585쪽 참조.

69 『중국조선족교육』, 중국조선족교육잡지사, 1994년 9월호.

가 내용을 '중화'가 아우르게 하고 있는 것이다.[70] 결국, 교가의 요점은 모든 학생들이 열심히 공부하여 중화의 진흥을 위해 몸과 마음을 다 하자는 것이다. 이것이 조국이 원하는 것이라는 것이다. 이러한 가사는 중국 사회주의에서 강조하고 있는 전체주의적 사고를 엿볼 수 있다. 개인적인 이상의 실현보다는 중화의 진흥을 위해 개인의 희생은 무방하다는 억양을 보여줌으로써 학생들에게 국수주의적인 사고를 심어주고 있는 것이다.

(3) 민족의식 고취

구한말 일제강점기 속에서 가장 먼저 학교에서 강조한 교육 방향은 독립의 신념을 심어주고자 하는 민족의식의 고취였다. 중화인민공화국이 성립된 이후에도 중국 조선족들은 대다수의 한족들이 지니고 있는 문화 속에서도 조선족의 민족의식을 키우기 위해 교가에 많이 사용하였다. 여기서 주목해야 하는 것은 구한말의 민족의식과 중화인민공화국 시기의 민족의식에는 확연히 다른 뜻이 담겨 있다는 사실이다. 위에서 말했듯이 중화인민공화국 이전의 민족의식은 나라 잃은 민족이 지닐 수 있는 독립을 향한 민족정체성이며, 그 독립국가에서 다시 옛날 조상들이 이룩했던 찬란한 민족문화를 꽃피워야 한다는 것이었다. 그러나 중화인민공화국 이후에 교가에 나타난 민족의식은 첫째, 중국 내 소수민족으로서 다른 민족 문화와 조화롭게 어울릴 수 있는

---

70 중화사상을 고취시키는 다른 조선족학교 교가 역시 마찬가지로 '중화'를 직접적으로 사용하고 있다. 다음은 연남소학교 교가이다.

> 원대한 희망 안고 우뚝 솟은 우리 학교 앞날의 기둥감 키워가는 요람
> 중화의 진흥 위해 힘과 지식 키워서 조국의 어데서나 기둥감 되리
> 아아 자랑찬 연남소학교

우리 고유의 문화를 계승 · 발전시키기 위한 민족정체성을 말한다. 둘째, 유구한 역사를 지닌 자랑스런 민족이라는 민족의 자부심을 지니도록 하는 것이다. 여기서 중요한 것은 이러한 두 가지가 중화문명의 발전에 이바지해야 한다는 목적의식이 자리 잡혀 있다는 사실이다. 여하튼 많은 중국 조선족학교에서는 조선족으로 살아가면서 지녀야 할 민족정신을 교육하였고 이러한 정신은 교가에서도 잘 나타났다.

민족의식이 가장 잘 나타난 조선족학교 교가는 장백조선족자치현의 장백조선족자치현제2중학교 교가와 장백현제2실험소학교 교가[71]일 것이다. 장백조선족자치현은 중국 길림성의 동남변경에 자리 잡고 있으며 백두산을 등지고 압록강 상류, 북한의 양강도 혜산시와 강을 사이 두고 있는 중국 유일의 조선족자치현이다. 1958년 9월 15일에 장백조선족자치현이 창립된 후 조선족들은 고유의 문화를 지키면서 살아왔다. 학교 수의 변화를 보면, 소학교의 경우 1949년에는 모두 44개교가 있었고, 1966년도에는 모두 59개교로 늘어났다. 그러나 1984년에는 8개교만 남았고 현재는 장백현조선족실험소학교만 남았다. 중학교의 경우는 1992년 6개교가 있었으나 현재는 장백조선족중학교만이 존재한다.[72]

장백조선족자치현제2중학교는 1946년 6월에 조선족들에 의하여 설립되고 1950년에 공립으로 발전하였다. 설립 초기 교명은 조선인중

---

71 저자가 학교를 방문하여 얻은 학교 소개 책자에 있는 교가이다. 이 교가는 현재 장백조선족실험소학교 교가로 사용되고 있다. 교가의 특징은 우리말 우리글을 배우고 있다는 것을 강조하여 민족의식을 고취시키고 있다. 다음은 교가의 1절이다.

해빛도 찬란해라 아담한 교사 명랑한 글소리가 차고 넘쳐요
선생님 가르치심 높이 받들고 우리말 우리글을 배워갑니다
아 우리 학교 배움의 요람 우리말 우리글을 배우는 학교 배우는 학교

72 박병순 주필, 『장백조선족발전사』, 연변인민출판사, 2008년, 276-296쪽 참조.

학교였고 학생은 2개 학급에 63명, 교원은 5명이었다. 1950년 교명을 장백조선족중학교로 개칭하였다가 1959년에 다시 장백조선족자치현제2중학교로 개칭하였다. 그 후 2007년 장백조선족자치현의 모든 중학교를 통합하여 장백조선족중학교라고 명명하였다.[73] 다음은 장백조선족자치현제2중학교 교가이다.[74]

장백산을 굽이돌아 흐르는 압록강반에
광복의 나날 일떠 세운 희망찬 배움터
은혜로운 해빛 아래 백의 후손 키워내여
억센 나래 펼쳐가며 민족위훈 떨치네
아 자랑찬 우리의 장백2중
민족 넋을 키워가는 배움의 요람일세

장백조선족자치현제2중학교 교가의 특징은 다른 교가에서 볼 수 없는 민족의식을 고취한 단어가 많이 등장한다는 사실이다. 예를 들어, '광복', '백의 후손', '민족 위훈', '민족 넋' 등이다. 광복의 기운을 빌어 조선인의 손으로 세운 학교로 조선민족의 주체적인 학교 건립을 강조하였고, 그곳에서 민족의 넋을 배우는 학생들은 다름아닌 백의민족인 조선족이라는 점을 분명히 하였다. 그리고 이들이 장차 민족의 위엄을 떨칠 것이라고 확신하고 있는 내용인 것이다. 다시 말해 조선인의 손으로 세운 학교에서 민족의식을 배워 장차 민족의 우수성을

73 東北朝鮮民族教育科學研究所 編, 『中國朝鮮族學校誌』, 東北朝鮮民族教育出版社, 1998년, 383쪽 참조. 동시에 저자가 학교를 방문하여 얻은 학교 소개 책자 속의 학교 연혁을 참조하였다.

74 저자가 학교를 방문하여 얻은 학교 소개 책자에 있는 교가이다. 이 교가는 현재 장백조선족중학교 교가로 사용되고 있다.

온 세상에 떨치는 인재를 양성하는 학교라는 것이다. 이러한 교가를 접한 학생들이 조선민족의 자부심을 갖고 민족성을 지키며 살아가는 것은 어찌보면 당연한 일이다.

용정실험소학교 교가의 가사 역시 민족의식 고취를 위한 내용이 담겨 있는 경우이다. 비록 용정실험소학교 학교의 역사 속에는 많은 교명의 변화가 있었다. 1908년 7월에 서전서숙자리에 세워졌는데 당시 교명은 간도보통학교였다. 교장은 일본인이었고 학생은 48명이었다. 그 후 여러 차례 합병과 분교를 거쳐 광복 전에는 간도공립보통학교, 간도중앙학교 등으로 불리었다. 중화인민공화국이 성립한 이후에는 룡정중심학교, 룡정중심소학교로 불리다가 룡정실험소학교로 개칭하여 지금까지 사용하고 있다.[75] 하지만 룡정실험소학교 교가의 정신은 20세기 초 민족교육에 앞장서고자 하였던 서전서숙의 정신을 계승 · 발전시키고자 하였다. 이에 교가 속에는 민족의식을 고취할 수 있는 많은 단어들이 사용되었다. 다음은 룡정실험소학교 교가이다.[76]

> 일송정 아래에 자리 잡은 우리 학교, 민족의 장한 뜻 키워왔어라
> 어제는 선구자 노래부르며 항일지사 자라났고
> 오늘은 세기를 뛰어넘을 참된 인간 키우네
> 아~ 빛나라 룡정소학교, 겨레의 희망 안고 길이 빛나라

'일송정'은 과거 독립운동가들이 모여 항일운동을 전개하던 장소

75 東北朝鮮民族教育科學硏究所 編, 『中國朝鮮族學校誌』, 東北朝鮮民族教育出版社, 1998년, 696쪽 참조.

76 저자가 2010년 7월 27일에 학교를 방문하여 학교 1층 현관 게시판에서 수집한 것이다.

로 유명하다.[77] 이러한 민족의 정기가 서린 이곳에 학교를 세웠으니 그 정신을 잊지 말자는 뜻을 지닌 룡정실험소학교 교가는 첫 구절에서는 민족의 얼을 이어받아 현재 장한 뜻을 키워왔다고 자부심을 드러내고 있다. 다음 구절에서는 민족의식을 과거와 현재로 나누어 설명하고 있다. 이러한 민족정신은 과거에는 조국의 광복을 위해 싸운 항일지사를 키웠고 지금은 참된 인간을 키운다는 것이다. 마지막 구절에서는 과거와 현재에 계속해서 민족의식이 가득한 학교에서 희망을 안고 자라난다는 뜻이 담겨 있다. 이 교가는 민족의식이란 하루아침에 만들어지는 것이 아님을 강조하고 있다. 현재 겨레의 희망을 하고 빛나는 학교가 존재하는 것은 과거의 항일 지사가 품었던 민족의식이 존재하였기 때문이라는 것이다.

(4) 배움터 강조

학교는 배움의 터이며 학생들의 꿈을 키워가는 곳이다. 또한 학교 입장에서 보면 학생들에게 학교에 대한 자긍심을 심어주고 학생들을 단결시키고자 학교의 소중함을 강조하는 것은 당연한 일일 것이다. 이를 위해 많은 학교에서는 지식의 배움터인 학교를 강조하는 교가를 만들어 사용하였다.

중앙소학교의 전신은 1915년 조선총독부가 연길에 세운 룡정촌보

77 일송정은 중국 연길에서 용정으로 가는 길에 위치한 야산 위의 작은 정자이다. 과거에는 늠름한 자태의 소나무가 한 그루 서있었다고 하지만 지금은 작은 소나무 한 그루와 정자가 있다. 또 이곳에서 해란강의 물줄기를 볼 수 있지만 지금은 물줄기가 말라 모습이 미흡하다. 이곳 용정 시민들의 말에 의하면, 오래전에는 이곳에 정자 모양의 소나무 한 그루가 서 있었는데, 이 소나무 밑에서 독립운동가들이 모여 항일의 의지를 불태웠다고 한다. 이를 알게 된 일제가 소나무에 구멍을 뚫고 약품을 넣어 일송정을 고사시켰다고 전해진다. 1980년대 후반 중국 정부가 이곳에 '일송정'이라는 이름의 정자를 건립하여 이를 기념하고 있다.

통학교 분교이다. 초기 2개 학급에 교원 2명, 학생 60명이었고 교장은 일본인이었다. 1917년 4월에 교명을 연길시국자가보통학교로, 1937년 12월에는 공립대화국민우급학교로 개칭하였다. 중화인민공화국이 성립한 이후에는 1950년 12월에 연길시제2중심완전소학교로 개칭하였다. 1972년 9월에 연길시제2소학교로 명명하고 1983년 8월에 지금의 연길시중앙소학교로 개칭되어 지금까지 이어오고 있다.[78] 다음은 중앙소학교 교가이다.[79]

> 연길시 한복판에 자리를 잡고 높이 솟아 빛 뿌리는 우리네 학교
> 슬기론 꽃봉오리 한데 모여서 오순도순 사이좋게 공부하는 곳
> 사랑하는 우리 학교 중앙소학교 겨레의 희망을 키우는 요람

중앙소학교 교가에서 가장 특징적인 것은 교가 가사 내용에서 '우리네 학교', '사이좋게 공부하는 곳', '사랑하는 우리 학교 중앙소학교' 등처럼 계속해서 학교를 강조한 점이다. 일반적인 학교 교가의 구성처럼 처음에는 학교의 위치를 설명하고 있고 중간에는 구성원들이 공부하는 배움터의 모습을 표현했고 마지막에는 희망을 키워가는 사랑하는 우리 학교라고 말하면서 무한한 애정을 표현하였다. 사회주의 국가에서 개인의 감정을 대표하는 '사랑'이란 단어가 교가에 쓰인 경우는 매우 드문 경우라고 할 수 있다. 이러한 교가 가사의 변화는 예전 사회주의 이념을 강조하던 1950-60년대와는 완전히 달라진 시대적 분위기를 보여준다고 할 수 있다.

---

78 東北朝鮮民族教育科學研究所 編, 『中國朝鮮族學校誌』, 東北朝鮮民族教育出版社, 1998년, 582쪽 참조.

79 학교 홈페이지에서 수집한 것이다.

1989년 만들어진 연변대학 교가도 배움터를 강조한 교가에 속한다. 중국 조선족 최고학부인 연변대학은 전 조선족의 노력으로 당시 중공중앙동북국의 설립인가를 받아 1949년 3월 20일에 개교하였다. 연변대학의 개교는 중국에서 소수민족인 조선족이 자신들의 민족대학을 갖고 자신들의 손으로 민족의 고급인재를 양성한다는 큰 의미를 가진다고 할 수 있다. 초기에는 교직원 153명, 조선족 학생 427명이었으나, 후에 여러 대학과 합병하여 조선족 이외의 여러 민족 1만 5,000여 명의 학생이 공부하는 명실상부한 중국의 종합대학이 되었다.[80] 연변대학 교가는 1989년 연변대학 40주년 경축행사에 맞춰 교가가 없음을 인지한 정판룡의 건의로 만들어졌고, 가사는 정치적 색깔이 최대한 배제되었으며 민족정기를 이어받아 학문을 통해 꿈을 키운다는 내용이다.[81] 다음은 연변대학교 교가이다.

백두의 정기를 한몸에 안고 해살 밝은 언덕에 우뚝 솟았다
겨레의 아들딸 그대 품에서 희망의 푸른 꿈 키워가노라
아, 배움의 전당 겨레의 자랑 길이길이 빛나라 우리 연변대학
자애론 스승의 손길 아래에 다정한 학우들 뜻도 장하다
반만년 문화의 피줄을 이어 현시대 문명이 예서 꽃핀다
해마다 그 품을 떠난 선배들 저 하늘 별처럼 뿌린다
학우여 우리도 그 이름 누리에 떨치자

80 東北朝鮮民族教育科學研究所 編, 『中國朝鮮族學校誌』, 東北朝鮮民族教育出版社, 1998년, 3-6쪽 참조.

81 처음에는 '빛나라 연변대학'으로 불리었고 나중에 연변대학교 교가가 되었다. 김태갑 · 이상각 · 김동호가 작곡했고 안국민 · 최삼명 · 허원식이 작곡하였다. 비록 연변대학이 1949년 중화인민공화국 성립 이전에 개교하였지만 이미 공산당의 민족정책에 의해 설립된 학교인 동시에 개학 · 개방 정책의 자유로운 분위기가 교가에 나타나 있어 여기서 다루기로 한다.

연변대학의 교가가 만들어진 1980년대 후반은 중국의 개혁 · 개방 정책으로 중국 경제가 비약적으로 발전하기 시작하는 단계로, 중국 전체가 정치 주도적인 분위기에서 벗어나 자유로운 분위기가 형성되던 시기였다. 이를 반영하듯 연변대학 교가에서도 정치적인 색깔은 드러나지 않았다. 교가는 1절, 2절, 그리고 3절 모두 연변대학이라는 배움터와 그곳에서 꿈을 키우는 모습들을 중심으로 이야기를 전개하고 있다. 1절에서는 민족의 정기를 받은 배움터에서 꿈을 키워나가고, 2절에서는 학생들을 가르치는 스승의 손길로 문명이 피어나고, 3절에서는 선배들이 졸업 후 사회 각지에서 활동하면서 학교의 이름을 날린다는 내용이다. 이러한 내용은 꿈을 키우는 곳 → 스승의 가르침이 있는 곳 → 훌륭한 선배들이 배운 곳이라는 배움터의 의미를 강조하고 있음을 알 수 있다. 이러한 배움터에서 이루고자 하는 희망도 내용에 나타났는데 푸른 꿈을 키우고 → 시대가 요구하는 문명을 꽃피우고 → 연변대학의 명성을 온 세상에 떨치는 것이다.

지금까지 중화인민공화국 성립 이후부터 2000년대까지의 조선족학교 교가의 가사 내용을 살펴보았다. 이 시기의 교가는 1900년대부터 1949년 중화인민공화국 성립 이전의 조선족학교 교가가 동시에 항일정신과 독립정신, 민족의식 고취, 계몽 및 민족수난 극복을 위한 내용 등을 교가 가사로 표출한 것과는 달리 각 시기별 정치적 변화에 따라 서로 다른 시기별 특징을 지니는 교가 가사가 등장하였다는 사실이다.[82] 즉, 중화인민공화국이 성립되고 문화대혁명이 마무리할 때가

82 시대적 상황에서 중요한 것은 당의 교육방침이다. 1980년대를 보면, 1985년 5월 「교육체제개혁에 관한 중공중앙의 결정」에서는 '교육은 반드시 사회주의 건설을 위하여 복무하여야 하며 사회주의 건설은 반드시 교육에 의거하여야 한다'고 교육사업의 총적인 지도사상을 제기하였다. 연변대학 교육학심리학 연구실, 『연변조선족교육사』, 연변인민출판사, 1987년, 350-351쪽 참조.

지 중국 조선족학교 교가 역시 그 당시의 분위기에 맞게 공산주의 사회주의 사상이 농후하게 나타났다. 개혁 · 개방정책이 실시된 이후에는 이전과는 다른 다양한 교가 내용을 볼 수 있었다. 중국 당국이 추구하는 대통합의 원칙에 따라 중화주의를 강조하는 교가가 등장하였고, 정치적인 색깔을 최대한 배제하고 배움터로서의 학교를 강조한 교가도 등장하였다. 또한 타국에 사는 소수민족으로서의 자신의 민족정체성을 지키고자하는 교가도 존재하였다. 어찌되었던 중국의 조선족학교 교가는 각 시대적 분위기에 맞게 끊임없는 변신을 통하여 조선족 학생들에게 불리고 있는 것이다.

4. 맺음말

본고는 중국 길림성 조선족학교의 교가 130개를 대상으로 연구를 진행하였다. 교가를 시대별로 살펴보면, 1940년대 설립된 조선족학교의 교가가 21개로 가장 많이 차지하는데 이는 전체의 16.2%에 해당된다. 다음으로 가장 높은 비율을 차지한 시기는 1920년대 설립된 조선족학교의 교가로 19개이며 전체의 14.7%를 차지한다. 이외에도 1950년대가 18개로 전체의 13.9%를 차지한다. 교가를 현존하는 학교와 이미 폐교된 학교로 나누어 살펴보면, 현존하는 조선족학교의 교가는 71개로 전체의 55%를 차지하고 이미 폐교된 조선족학교의 교가는 59개로 전체의 45%를 차지한다.

조선족학교의 교가의 작곡가 현황을 통하여 알 수 있는 특징은 다음과 같다. 첫째, 대부분 교가 작곡가들은 다량의 작곡을 하지 않았다. 그 원인은 다음과 같다. 학교 출신의 음악교사가 자신의 학교 교가를 작곡한 경우가 많기 때문이다. 둘째, 조선족학교 교가의 작곡은 여러 명이 함께 참여한 경우가 많았다. 다시 말해 작곡을 한 사람이 한 것이 아니라 두 사람 혹은 세 사람이 함께 한 경우가 많았다. 심지어는 이름이 아니라 집체가 작곡한 경우도 4곡이나 되었다. 셋째, 조선족학교 교가가 여러 판본이 존재하고 있다. 판본이 다른 경우에는 작곡가가 다른 경우도 있고 같은 경우도 있었다. 이 두 가지 경우 모두 교가를 새로 다시 만들었다는 사실이다. 넷째, 작곡을 한 사람이 작사를 한 경우가 거의 없다. 보통 작곡은 음악교사가 담당하였지만 작사는 조선어문 교사가 담당하거나 교장이 작업하는 경우가 많았다. 이러한 사실은 여러 사람의 의견을 존중하면서 다함께 참여하고자 하는 당시의 풍조라고 말할 수 있다. 다섯째, 작곡가가 미상인 교가가 많았다. 연구대상 조선족학교 교가의 작곡가 미상은 모두 6곡이었다. 이런 현상의 가장 주요한 원인은 교가에 대한 기록이 없기 때문에 교가는 존재하지만 누가 만들었는지는 아는 사람이 없어 수집을 못한 경우이다. 여섯째, 학교가 다르지만 교가의 작곡이 같은 경우가 있다. 이런 경우에는 학교의 명칭이 바뀐 경우에 해당된다. 이에 후렴부분인 학교 이름만 바꿔 사용하였다.

조선족학교의 교가의 작사가 현황을 통하여 알 수 있는 특징은 다음과 같다. 첫째, 대부분 교가 작사가들은 다량의 창작을 하지 않았다. 작곡가와 마찬가지로 작사가도 대부분이 1곡을 작사하였다. 이러한 현상의 주요 원인은 대부분 작사가 학교에 근무하는 교장이나 설립자, 국어교사 등을 중심으로 이루어졌기 때문이다. 둘째, 집체가 작사한 경우가 많았다. 연구대상 조선족학교 교가 중 집체가 작사인 경우는 7곡이나 되었다. 또한 각 학교의 조선어문조가 작사한 경우도 2곡이 포함되었다. 셋째, 문헌을 통해 작사가만 알 수 있는 교가가 다수 있었다. 넷째, 악보는 남아 있지 않고 노랫말만 존재하는 학교가 많다.

조선족학교 교가의 길이를 1절, 2절, 3절로 나누어 살펴보면, 가사가 1절인 조선족학교 교가는 모두 16개였다. 가사가 2절인 조선족학교 교가는 92개로 가장 많은 비중을 차지하였다. 가사가 3절까지 있는 조선족학교 교가는 모두 22개였다.

조선족학교의 교가의 박자를 살펴보면, 4/4박자의 곡이 67.6%인 88곡으로 가장 많다. 2/4박자는 12곡으로 9.2%를 차지한다. 3/4박자는 2곡이 있다. 변박자로 구성된 교가도 6곡이나 있다.

조선족학교의 교가에 나타난 인명을 살펴보면 주덕해, 한배검, 석가모니, 려금란, 뢰봉, 뢰녕 등이다. 지역적으로 보면 인명이 등장한 조선족학교의 교가는 모두 5개 학교이며, 이들 학교는 연변조선족자치주에 소재한 학교들이다. 중국 조선족학교의 교가의 가사에 나타난 지명을 살펴보면 모두 60여 곳이다. 가장 많이 언급된 지명은 장백(산) 즉 백두(산)로, 조선족학교 6개교의 교가에서 사용되었다.

중국 조선족학교 교가 가사의 구체적 분석은 조국의 광복 이전과 중화인민공화국 성립 이후로 그 내용을 나누어 살펴볼 수 있다. 조국의 광복 이전 조선족학교 교가는 항일정신과 독립정신, 대중적 계몽의식, 민족정신을 일깨우는 내용, 일본에 의한 강점된 조국의 상황, 그리고 타국에서의 힘든 타향살이 등을 담고 있다. 가장 많이 강조한 것은 항일정신과 독립정신의 교육인데 이것은 중국에 거주하는 조선족이 '조국 광복'이라는 오직 하나의 염원을 가지고 있었기 때문이었다. 중화인민공화국이 성립된 이후에는 중국 조선족학교의 교가 가사는 또 다른 변화를 겪게 된다. 조선족은 중국에 거주하는 하나의 소수민족으로서의 중국인이 됨에 따라 학교 교육 역시 중국 정부의 정책을 따라야만 하였다. 그 결과 조선족만의 독자적인 교육방침과 교육철학은 존재하기 어렵게 되었다. 이에 조선족학교 교가 가사에는 한편으로는 중국 정부의 정책을 지지하는 공산당과 사회주의 찬양, 중화사상 등의 내용이 포함되었고, 한편으로는 중국 정부가 인정하는 테두리 안에서 민족의 주체성을 지키고자 하는 민족의 바람 등의 내용이 포함되었다. 이렇듯 중국 조선족학교의 많은 학교는 시대적 환경에 따라 서로 다른 교가를 만들어 학생들에게 부르게 하였던 것이다. 다시 말해 일본이 한반도 및 중국 동북지역을 강점하였을 때에는 학생들에게 독립의 신념을 심어주고자 반일 및 독립정신 그리고 민족해방 교육을 노래하였고 중화인민공화국이 성립한 이후에는 타국에서 사는 소수민족으로서 중국 공산당을 찬양하면서 동시에 한민족의 문화선양과 자부심을 노래하였다. 결국 이러한 모든 것들을 반영한 조선족학교 교가는 시대상을 보여준다고 말할 수 있다.

중국 조선족학교 교가의 창작배경은 당시의 시대상을 반영하고 있었다. 먼저 1900년대부터 1949년 중화인민공화국 성립 이전까지 개교한 조선족학교 교가의 가사를 살펴보았다. 이 시기 조선족학교들의 교가는 민족정신 함양과 민족수난 극복을 위한 가사를 만들었다는 점이다. 그래서 일본에 대한 적개심을 고취시키고 반일사상을 강화하여 독립쟁취의 의지를 북돋았던 것이다. 이를 위하여 많은 교가에는 애국정신과 독립정신을 함양하는 내용, 우리의 원수를 잊지 말라는 내용, 일본의 침략행위와 식민지 정책을 폭로한 내용, 일제 침략에 대한 조선인의 영웅적 투쟁 내용 등을 넣었다. 이처럼 조선족학교는 교가를 통하여 반일사상으로 무장하고 독립투쟁정신을 강화하였다. 결론적으로 1900년대부터 1949년 중화인민공화국 성립 이전의 조선족학교 교가에는 주로 시대적 상황에 맞게 항일정신과 독립정신, 민족의식 고취, 계몽 및 민족수난 극복을 위한 내용 등이 동시에 표출되었다. 이것은 조선족이 사는 지역에서 폭넓은 민족적 기반을 구축하고 독립운동 사상을 배양하는 데 큰 공헌을 하였다.

다음으로 중화인민공화국 성립 이후부터 2000년대에 개교한 조선족학교 교가의 가사를 살펴보았다. 이 시기의 교가는 주로 각 시기의 정치적 변화에 따라 공산당과 사회주의 찬양, 중화사상, 학교 자랑, 민족정신을 일깨우는 내용 등 다양하게 존재하고 있음을 알 수 있었다. 중화인민공화국이 성립되고 문화대혁명이 마무리될 때가지 중국 조선족학교 교가 역시 그 당시의 분위기에 맞게 사회주의 사상이 농후하게 나타났다. 개혁 · 개방정책이 실시된 이후에는 이전과는 다른 다양한 교가의 내용을 볼 수 있었다. 중국 당국이 추구하는 대통합의 원칙에 따라 중화주의를 강조하는 교가가 등장하였고, 정치적인 색깔을 최대한 배제하고 배움터로서의 학교를 강조한 교가도 등장하였다. 또한 타국에 사는 소수민족으로서의 자신의 민족의식을 지키고자 하는 교가도 존재하였다. 여기서 중요한 것은 중화인민공화국 이전의 민족의식과 중화인민공화국 시기의 민족의식에는 확연히 다른 뜻이 담겨 있다는 사실이다. 중화인민공화국 이전의 민족의식은 나라 잃은 민족이 지닐 수 있는 독립을 향한 민족정체성이며, 그 독립국가에서 다시 옛날 조상들이 이룩했던 찬란한 민족문화를 꽃피워야 한다는 것이었다. 그러나 중화인민공화국 이후에 교가에 나타난 민족의식은 중국 내 소수민족으로서 다른 민족 문화와 조화롭게 어울릴 수 있는 우리 고유의 문화를 계승 · 발전시키기 위한 민족정체성이며, 유구한 역사를 지닌 자랑스런 민족이라는 민족의 자부심을 지니도록 하는 것이었다. 이러한 두 가지는 중화문명의 발전에 이바지해야 한다는 목적의식이 자리 잡혀 있다. 어찌되었던 중국의 조선족학교 교가는 각 시대적 분위기에 맞게 끊임없는 변신을 통하여 조선족 학생들에게 불리고 있는 것이다.

본고는 중국 조선족 집거지의 인구가 급격하게 감소하면서 빠르게 사라져가는 조선족학교의 교가에 대한 발굴 및 분석을 통하여 한민족 문화의 자산을 보존하려고 시도하였다. 다만 본 논문에서 130개의 조선족학교 교가 가사를 하나하나 구체적으로 설명하지 못한 점은 많이 아쉬운 점이다. 그러나 이러한 작업은 중국 현지의 조선족학교 교육자들이 많은 관심을 기울이지 않는 지금 매우 중요한 작업이라고 할 수 있다. 이후 본고를 통하여 조선족학교 교가에 대한 연구가 한국은 물론 중국에서도 활발하게 진행되기를 바란다. 또한 앞으로 조선족학교의 교가에 대한 체계적인 관리 및 발굴 작업이 진행되어 더욱 많은 조선족학교 교가 자료들이 확보되기를 희망한다.

Ⅱ

길림성 조선족학교 교가의 망실과 특징

1. 머리말

중국 인구조사 소수민족 인구통계를 보면, 중국에 살고 있는 조선족은 한족을 제외한 소수민족 인구 순위에서 대략 12위 정도를 차지하는 민족이다.[1] 조선족들은 주로 길림성, 흑룡강성, 요녕성 등 3성에 살고 있는데, 특히 길림성과 연변 지역에 가장 많이 거주하고 있다. 중국 내 조선족 인구는 2000년 전국 제5차 인구조사에 의하면, 전국에 조선족은 192만 명 정도로 길림성에 115만여 명이 살고, 흑룡강성에 39만여 명이 살고, 요녕성에 24만여 명이 살고 있는 것으로 나타났다. 이를 근거로 하면 동북3성의 조선족 인구는 전체 조선족 총인구의 90% 이상을 차지하고 있다.[2] 특히 길림성 조선족 115만여 명은 길림성 총인구의 5% 정도를 차지하고 전국 조선족 총인구의 60% 정도를 차지한다. 길림성에는 연변조선족자치주, 장백조선족자치현 등 두 개의 자치지방이 있다.

중국 동북지역 길림성의 조선족은 일찍이 19세기 중엽부터 서서히 중국으로 이주하기 시작하였고 20세기 초에는 이미 많은 사람들이 중국에서 터를 잡고 살고 있었다. 그들은 자기들의 피와 땀으로 땅을 일구었고 자신들의 부지런한 두 손으로 후대 교육을 시작하였다. 당시 조선

1 『연변통보』, 2007년 2월 27일.

2 채휘균, 「조선족 교육의 형성과정과 현안문제 고찰」, 『교육철학』 제29집, 한국교육철학회, 2006년, 181쪽 참조.

족들은 비록 헐벗고 굶주리는 한이 있더라도 자식들의 교육만은 해야 한다는 신념 아래, 중국 조선족 교육이 시작되어 100여 년이 지났다.

그러나 지금까지 한국이나 중국에서 이루어지고 있는 조선족학교에 대한 연구는 주로 조선족교육의 현황이나 문제점을 분석하거나[3] 조선족학교에서 배우는 교과서 등의 학습내용 혹은 교육과정으로 매우 제한적으로 이루어지고 있었다.[4]

본고에서 주목하고자 한 대상은 지금까지 그 누구도 중시하지 않았던 조선족학교 교가이다. 그동안 중국 조선족학교 교가는 중국 현지의 조선족학교 교육자뿐만 아니라 한국의 연구자들 또한 그것에 대한 관심이 그다지 많지 않았던 것이 사실이다. 이 때문에 지금까지 조선족학교 교가에 대한 체계적인 관리 및 연구는 전혀 진행되지 못하였고, 1990년대 이후로 중국 조선족학교의 폐교가 급속도로 이루어짐에 따라 동시에 수많은 교가도 함께 사라져갔다.[5] 하지만 한반도를 떠나

3 정영홍, 「중국의 사회주의 현대화와 조선족교육의 미래」, 『교육철학』 제15집, 한국교육철학회, 1997년, 399-414쪽.; 박금해, 「중국조선족교육 그 현황과 과제」, 『아시아태평양지역연구』 제3권 1호, 전남대학교 아시아태평양지역연구소, 2000년, 98-122쪽.; 김병민, 「재중 조선족 중 · 고등학교에서의 한국어권 문학교육에 대한 고찰」, 『문학교육학』 제6집, 한국문학교육학회, 2000년, 243-262쪽.; 채휘균, 「조선족 교육의 형성과정과 현안문제 고찰」, 『교육철학』 제29집, 한국교육철학회, 2006년, 179-197쪽.

4 이진석, 「연변 조선족 자치주의 고급중학교 필수과목 '문화 생활' 교과서 분석」, 『시민교육연구』 제41권 4호, 한국사회과교육학회, 2009년, 107-128쪽.; 황규수, 「북한 고중 '국어' 및 '문학'과 중국 조선족 '조선어문' 수록 시의 비교 고찰」, 『새국어교육』 제82호, 한국국어교육학회, 2009년, 721-743쪽.; 김경훈, 「조선족 초중 '조선어문' 교재 연구: 소설과 시 교육을 중심으로」, 『문학교육학』 제26호, 한국문학교육학회, 2008년, 305-320쪽.; 이규은, 「중국 연변 조선족 자치주의 초등학교 교육과정 연구」, 『초등교육연구』 제17권 1호, 한국초등교육학회, 2004년, 327-351쪽.; 황현정, 「중국 조선족 음악교육의 현황」, 『국악과교육』 제10집, 한국국악교육학회, 1992년, 172-189쪽.; 황창수, 「연변 조선족 교육의 현황과 발전목표」, 『중국조선족교육의 현황과 전망』, 동북조선민족교육과학연구소, 1995년.; 방학철, 「조선어문교원재직연수의 기본정황과 문제점」, 『중국조선족교육의 현황과 전망』, 동북조선민족교육과학연구소, 1995년.

5 지금 이 시각에도 동북3성의 수많은 조선족학교가 문을 닫고 있을 것이다. 농촌지역의 경우

살아온 중국 디아스포라가 그들의 삶 속에서 추구하였던 교육적 이념과 민족 정체성을 조선족학교 교가가 분명하게 보여주고 있다는 점에서 연구할 가치가 충분하다고 하겠다. 더불어 한국학 연구 영역의 확대라는 측면에서도 그 의미가 크다고 할 수 있을 것이다.

저자는 조선족학교의 폐교에 따른 교가의 망실이 매우 심각하게 진행되고 있음을 인지하고, 그 발굴과 보존, 그리고 그 연구가 시급함을 깨닫고 2010년 8월과 2011년 1월 두 차례에 걸쳐 지속적으로 길림성 각지를 돌아다니면서 현존하는 조선족학교 교가를 비롯하여 이미 폐교된 조선족학교의 교가를 수집하였다.

본 연구는 중국 길림성 지역의 조선족학교 교가를 대상으로 그 망실과 현황에 대해 현지 조사 결과를 기초로 하여 살펴보고자 한다. 본 논문의 연구대상인 조선족학교 교가는 유치원, 소학교(초등학교), 중학교, 고등학교, 대학교를 모두 포함한다.

교가란, 학교를 상징하는 노래로서, 교가에는 그 시대를 배경으로 한 학교의 교육정신이나 목표 및 특성 등이 담겨져 있다. 교가는 학생들로 하여금 애교심을 길러주고, 동시에 학교에 대한 소속감과 협동심을 기르기 위해 학교가 특별히 제정하여 학생들에게 부르게 하는 노래이다. 중국 조선족학교도 많은 학교가 시대적 배경에 따라 서로 다른 교가를 만들어 학생들에게 부르게 하였다. 일본이 한반도 및 중국 동북지역을 점령하였을 때에는 반일 민족독립정신과 민족해방을 교

많은 조선족학교가 학교 명패도 없고 학생은 한두 명에 불과하였다. 이러한 학교는 언제 문을 닫을지도 모르는 상황에서 그 최후를 기다리고 있다. 실제로 많은 학교가 폐교되어 학교 건물은 다른 용도로 사용되고 있거나 잡초만이 무성한 흉물로 남아 있었다. 이러한 상황에서 옛날에 불렸던 교가는 아무도 알지 못한 채 사라져갈 것이다. 그 누구도 관심을 두지 않은 채 말이다. 실제로 저자가 교가 수집 과정에서 학교가 폐교되어 짐을 정리하는 교장선생님을 만난 적이 있었다. 그 때에도 교가에 대해선 그 누구도 신경을 쓰지 않고 있었다.

육하였고 중화인민공화국이 성립한 이후에는 타국에서 사는 소수민족으로서 한민족의 문화 선양과 민족교육을 노래하였다.

본 고에서는 한반도를 떠나 중국에 자리잡고 민족교육을 꾸준하게 실시해온 중국 길림성 조선족학교 교가에 주목하여 조선족학교 교가의 망실과 그 현황을 고찰하고자 한다. 이를 위하여 중국 현지 조사에서 얻은 자료들을 대상으로 분석을 시도할 것이다.

2. 조선족학교 교가의 망실

1) 광복 이전

중국 조선족이 언제부터 중국에서 자리를 잡고 정착하였는지에 대한 의견은 아직까지 분분하다.[6] 하지만 분명한 사실 하나는 지금 중국의 동북지역에 살고 있는 대다수의 조선족들은 19세기 말 혹은 20세기 초에 중국으로 이주하여 그곳에서 자리를 잡고 농토를 개간하면서 살아왔다는 것이다.

1860년 청나라 정부가 동북지역에 대해 봉금령을 해제한 뒤 조선인들은 서서히 황무지를 개간하면서 살아가기 시작하였고 이때부터 서당을 설립하여 조선족 교육을 시작하였다. 이때의 교육은 조선어와 더불어 보통 조선의 서당에서 배우는 『사서』, 『오경』 등의 유교교육을 주로 실시하였다.

1903년 청나라 정부가 《秦定學堂章程》을 반포한 후, 길림성 조선족들은 학당을 설립하기 시작하였다. 1904년 천주교회는 훈춘에 조선

---

6 어떤 사람들은 원나라와 명나라 시기 수많은 고려인과 조선인이 동북에 이주하여 왔기에 조선족의 역사는 마땅히 원나라와 명나라 시기로부터 시작되어야 한다고 주장한다. 어떤 사람들은 19세기 이전의 이주민들은 모두 조선반도로 되돌아갔거나 타민족으로 동화되었고 오늘날의 중국 조선족은 19세기 중엽부터 대량 이주하여 왔기에 조선족 역사는 마땅히 19세기 중엽부터 시작되어야 한다고 주장한다: 박창일 주필, 『개척』(중국조선민족발자취총서 1), 민족출판사, 1999년, 1쪽 참조.

족유치원을 설립하였고, 1906년에는 독립운동가 이상설이 용정에 중국 조선족 지역 최초의 근대교육기관인 서전서숙(瑞甸書塾)을 설립하였다. 이후 1907년 3월에는 이동춘이 용정에 양정학당, 1908년에는 이성유가 연길에 창동서숙(창동학원), 김립이 연길 소영자(小營子)에 광성서숙(광성학교), 박무림과 김학연이 화룡에 명동서숙(명동학원), 강백규와 유한이 화룡에 정동서숙(正東書塾)을 등을 계속해서 설립하였다.[7] 서전서숙은 교원들의 월급부터 교과서 경비에 이르기까지 이상설이 모두 부담하였다. 창립 시기 학생 수는 22명이었다. 서전서숙은 학생들을 갑반과 을반으로 나누었는데 갑반은 고등반이고 을반은 초급반이었다. 그러나 서전서숙은 이상설이 헤이그로 간 후 심각한 재정난과 일제의 간섭으로 1907년 9월 문을 닫았다.[8] 서전서숙 교가는 다음과 같다.[9]

不咸山이 높이 있고 豆滿江이 둘렀는데
瑞甸書塾 창립하니 聰俊人才 雲集이라

---

7 吉林省地方誌編纂委員會, 『吉林省誌 · 敎育誌』(卷37), 長春: 吉林人民出版社, 1992年, 367-368쪽 참조. 본 논문에서는 대부분 『吉林省誌 · 敎育誌』의 기록을 근거로 하였다. 하지만 학교 설립연도에 대해서는 책마다 서로 약간의 차이가 있음을 밝혀둔다.

8 박창일 주필, 『개척』(중국조선민족발자취총서 1), 북경: 민족출판사, 1999년, 545-548쪽 참조. 서전서숙의 정신을 이어받은 학교가 아직도 용정에 있는데 바로 용정실험소학교(1988년 용정소학교에서 개칭)이다. 이 학교의 현관에는 서전서숙부터 학교의 변천사와 역대 교장의 사진, 교가가 전시되어 있었다. 지금의 교가는 용정소학교 시절의 교가를 계속 사용하고 있었다. 이 교가는 현재의 조선족학교 교가 중에서 가장 민족정신이 두드러진 교가 중 하나라고 할 수 있다. 교가의 1절은 다음과 같다.

일송정 아래에 자리잡은 우리 학교, 민족의 장한 뜻 키워왔어라
어제는 선구자 노래부르며 항일지사 자라났고
오늘은 세기를 뛰어넘을 참된 인간 키우네
아~ 빛나라 룡정소학교, 겨레의 희망 안고 길이 빛나라

9 허청선 외 주편, 『중국조선민족교육사료집 1』, 연변교육출판사, 2002년, 98-99쪽.

人一已百 工夫하니 救國安民 하여보세

창동서숙은 19세기 초에 화룡의 명동학원, 광성학원과 더불어 연변의 반일 민족운동의 요람지로 이름이 높았던 학교이다. 창동(昌東)이란, 동해성국-조선의 창성을 도모한다는 의미에서 지은 교명이다. 1910년에 중학부를 부설하고 학교명칭을 창동학원이라고 고쳤다. 1920년 일본군에 의해 학교가 불태워졌고 교원들도 사살되었다. 창동서숙 교가의 1절은 다음과 같다.[10]

한 줄기 뻗친 맥줄 흰 뫼 아래
韓倍儉[11] 이 처음 닦은 굳고 굳은 터
그 우에 우뚝 솟은 우리 창동은
인류문화 발전하려 떨쳐나섰다.
(후렴) 참스럽다 착하다 아름다워라, 정신은 자유요 리상은 독립

1920년 이후에는 남아 있는 교원들과 졸업생들이 새로운 사회주의 사상을 받아들여 학습하면서 항일운동을 벌였으며, 일본군이 물러난 뒤 1945년 10월에는 뜻있는 인사들이 모여 연길에 다시 두 번째 창

---

10 본 논문에 실은 교가는 『연변문사자료』(제5집)에 기록된 것이다. 김택 주필, 『연변문사자료』(제5집), 내부발행, 1988년, 25-26쪽. 하지만 『개척』(중국조선민족발자취총서 1) 572쪽에 실린 교가의 가사와는 약간의 차이가 있었다. 가장 큰 차이점은 2절 두 번째 줄의 가사이다. 여기서는 '피어린 력사로써 거름을 주어 사랑스런 강토에 다시 보내자'가 아니라 '시온해의 력사로써 거름을 주어 석가모니 강토에 다시 보내자'이다.

11 이 교가를 통해 학교 교육의 목적을 분명하게 알 수 있다. 이 교가에서 흰 뫼는 백두산이고, 한배검은 전설속의 고조선을 개국한 시조 단군이며, 배달은 조선민족을 가리킨다. 결국 이 시기의 모든 조선족학교와 마찬가지로 교가의 취지는 빼앗긴 나라를 되찾기 위해 노력을 한다는 것이다.

동학원을 세웠다.[12]

광성서숙은 1908년에 설립되었다고는 하지만 자세한 기록이 없어 정확한 사실은 알 수 없다. 연길의 동쪽에 자리잡은 소영자라는 곳에 세워진 학교이다. 光成이란, '광복성공'이라는 뜻이다. 개교 초기에는 교명을 길동기독학당이라고 하기도 하였는데 이것은 일제의 감시를 피하기 위해 중국식으로 이름을 지었던 것이다. 개교 목적은 민족독립, 인재양성이었다. 이에 사람들은 이 학교를 독립군학교라고도 불렀다.[13]

명동서숙은 원래 1908년 4월에 규암재와 장재촌에 있는 김하규의 서당과 영암촌에 있는 남위언의 서당을 통합하여 만든 신문화교육기관으로 설립 초기 학생이 모두 42명이었다. 1909년 4월에는 명동학교(明東學校)라는 현대적 명칭으로 개칭하면서 더욱 더 반일 민족교육을 실시하였다. 1910년에는 3년제의 중학부를 증설하여 반일 민족교육을 실시하다 1925년 학교 운영이 어려워 문을 닫았다. 이때 재학생들은 용정의 은진학교(은진중학)로 전학하였다.

1910년부터 1925년까지 명동중학교는 15년간 1,200여 명의 졸업생을 배출하였다. 졸업생들 중에는 수많은 저명한 인사들이 배출되었는데, 대표적인 인사로는 국민회와 간도청년회의 지도자들인 마진 · 남세극 · 최기학 · 마룡하 · 박창익 · 윤영식 · 김석관 · 김정규, 조선

---

12 延吉市政協文史資料委員會, 『延吉百年教育』(1901-2001), 內部資料, 2001年, 108-110쪽 참조.

13 교가인지는 확실하지 않지만 매일 아침 수업하기 전에 학생과 교원들이 불렀던 노래이다. 가사는 다음과 같다. 박창일 주필, 『개척』(중국조선민족발자취총서 1), 민족출판사, 1999년, 566쪽.

잊었나 잊었나 우리 원쑤가 합병한 수치를 네가 잊었나
삼천리 강산의 조상나라를 우리의 손으로 광복합시다

영화의 창시자 나운규, 비행사 서왈포, 시인 윤동주, 작가 김창걸 등이 있다.

1910년대에는 경술국치가 이루어진 이후로 학교들 대부분은 항일, 민족교육, 군사훈련 등을 주로 가르치면서 조국의 독립을 위한 항일민족운동인재를 양성하는데 집중하였다. 그 대표적인 학교가 신흥무관학교이다. 1910년에 이시영 등이 류하현 삼원포에 신흥강습소를 세웠고, 후에 신흥학교와 신흥무관학교로 발전하였다. 1911년에는 이동휘 등이 훈춘에 동창학교를 세웠다. 이것은 후에 북일중학(북일학교)으로 개칭하였다.

신흥무관학교는 1919년 만들어진 이름이다. 1912년 이시영 등은 통화현 합니하(蛤泥河)에 이주하여 합니하 남구사차(南溝四岔)에 학교를 세웠다. 처음에는 교명을 대동중학(大東中學)이라고 하였다가 후에 신흥학교라고 개명하였다. 1915년 4월에는 양성중학(養成中學)으로 고쳤다가 1919년 신흥무관학교라고 고쳤다. 신흥무관학교 교장은 이천민, 부교장은 양규열, 학감은 윤기섭이 맡았다. 이 학교의 특징은 군사교육에 치중하였다는 사실이다. 윤기섭이 일본군 병서와 중국 병서를 바탕으로 학교 실정에 맞게 새로 편찬한 병서를 사용하였다. 이 학교에서 군사이론 교육을 받은 학생들은 군사훈련을 통하여 군사인재로 장성하였다. 그러나 일본군의 파괴로 1920년 8월 폐교되었다. 신흥무관학교 교가의 첫 구절은 다음과 같다.[14]

서북으로 흑룡태원 남의 영절에
여러 만만 헌원 자식 업어 기르고

14 길태숙, 「재만조선인 항일투쟁노래의 과거와 현재적 의미: 신흥무관학교 교가를 중심으로」, 『동방학지』 제144집, 연세대학교 국학연구원, 2008년, 77-78쪽.

동해 섬중 어린 것들 품에다 품고 젖 먹여 주시네
우리 우리 배달나라에 우리 우리 조상들이라
그네 가슴 끓던 피가 우리 핏줄에 좔좔좔 넘치며 도누나

1910년 기록에 의하면, 길림성 간척민의 학교는 모두 40개소였다. 이 중에서 관에서 세운 관립학당은 9개소, 간척민들 스스로 세운 사립학교는 19개소, 종교단체에서 세운 학교는 7개소, 일본인이 세운 보통학교는 5개소였다.[15] 여기서 안타까운 사실 한 가지는 비록 1910년대에 많은 조선족학교가 세워졌지만 그 당시에 부르던 교가는 몇 곡을 제외하고는 거의 알 수가 없다는 사실이다. 당시 조선족학교가 정확하게 얼마나 있었는지에 대한 기록도 서로 다른 상황에서 더구나 교가가 몇 곡이 있었는지에 대해서는 더욱 알 수 없는 것이다.[16] 또 다른 안타까운 사실은 현재 알 수 있는 교가들도 악보가 없고 가사만 존재하여 어떻게 부르는지는 모른다는 사실이다.

1920년대에는 종교단체나 민족세력뿐만 아니라 일본인에 의해서도 학교가 세워졌다. 1920년 2월 기독교회는 용정에 은진중학교를 세웠고[17], 5월에는 明信女學校(후에 명신여자중학)를 세웠다. 일본인도 光明

15 吉林省地方誌編纂委員會, 『吉林省誌 · 教育誌』(卷37), 長春: 吉林人民出版社, 1992年, 368쪽 참조.

16 당시의 조선족사립학교는 거의 교가가 있었다. 교가는 학교의 전통을 나타내었고 학생들에게 공부하는 목적을 알려주는 좋은 교재였다. 당시의 교가는 대부분 교장이나 교육자들이 만들었으며 상황에 따라 조금씩 바꾸기도 하였다. 허청선 외 주필, 『중국조선족교육사』, 연변교육출판사, 2009년, 773쪽 참조.

17 恩眞은 하느님의 은혜로 진리를 배운다라는 뜻이다. 개교 당시에는 학생은 30세 전후의 장년층이 많았는데 총 27명이었고 학제는 5년이었다. 은진중학교는 항일민족정신을 고취시키려는 교육을 실시하여 많은 독립운동가를 양성하였다. 김택 주필, 『연변문사자료』(제6집), 내부발행, 1988년, 45쪽. 교가는 길림성 연변조선족자치주 용정시에 있는 용정중학 학교 게시판에서 수집한 것이다. 은진(중)학교의 교가는 다음과 같다.

대성중학교

女學校를 세워 친일교육을 강화하였다. 이 시기 주목할 만한 학교는 1921년에 용정에 세워진 동흥중학교와 대성중학교이다. 이 두 학교는 조선족 종교계에서 세운 학교이다. 동흥중학교는 1921년 10월 1일 천도교 신도인 최의룡이 세운 학교로, 개교 초기에는 교원 5명과 학생 156명밖에 없었다.

1925년 12월부터는 신학제를 채용하여 남녀공학을 실시하였고 기존과 달리 학기 말과 학년 말 시험은 폐지하고 졸업시험만 보았다. 대

(1절) 발해나라 남경터에 흑룡강을 등에 지고
태백산을 앞에 놓은 장하다 은진
(2절) 넓은 들판 이 땅 우에 젊은 배달
이내 몸들 만세 반석터가 되는 귀하다 은진
(후렴) 굳세어라 은진 빛이여라 은진
저 동편 하늘 밝아올 때 너히 갈길 보이나니
네 손과 팔을 맞오잡고 발거름을 맞오여라
만세! 우리 은진 노래 부르세

성중학교는 대성유교의 한 사람인 강훈에 의하여 1921년 7월 21일 개교하였다. 개교 초기에는 교원 7명과 학생 160명밖에 없었다. 이 두 학교는 주로 종교 미신과 봉건가부장제도를 타파하고 과학과 민주를 제창하는 등 선진사상을 전파하는 데 선구적인 역할을 하였다. 또한 반일 민족의식 고양과 진보적인 사회활동에도 앞장섰다. 그러나 일본은 이러한 두 학교의 활동을 그냥 지켜보지 않았다. 결국 1939년 6월 15일 괴뢰만주국 교육령에 의해 동흥중학교와 대성중학교는 합병되어 용정국민고등학교로 개편되었다.[18] 동흥중학교의 교가는 다음과 같다.[19]

(1절) 모아뫼 앞에 바위같은 저 높고 넓은 우리들의 집이다

(2절) 무궁화 붉고 흰 뫼 높아 둥글어한 우리들의 얼이다

(후렴) 배꽃 동흥모는 가슴에 얼 없고야 그 무어랴
깊은 뜻 거룩한 얼 다하야 힘써 배우는 우리 학우
희뫼 낮으며 하늘 없도록 가라 가라 우리들 가라
희뫼 낮으며 하늘 없도록 동흥학교 오라 오라 오라 오라

1928년 기록에 의하면, 중국 길림성 조선족학교는 모두 628개소에 학생 수는 3만 1,878명이었고 교원 수는 1,203명이였다. 이를 자세히 살펴보면, 관립학교가 174개소, 사립학교가 409개소, 일본인이 세운 학교가 45개소였다. 사립학교 409개소에는 조선족 군중이 세운 학교가 287개소, 조선의 민족단체가 세운 것이 20개소, 조선의 종교단체에서 세운 학교가 83개소, 구미교회에서 세운 학교가 19개소가 되었

18 황룡국 주필, 『봉화』(중국조선민족발자취총서 3), 민족출판사, 1989년, 760-766쪽 참조.

19 본 논문에 실은 교가는 『연변문사자료』(제6집)에 기록된 것이다. 김택 주필, 『연변문사자료』(제6집), 내부발행, 1988년, 26쪽.

다.[20] 여기서 중요한 사실은 비록 이때의 628개 조선족학교가 자체적인 교가를 가지고 있었다고는 보기 힘들겠지만, 그 당시에 부르던 교가가 거의 사라져 지금은 찾기가 어렵다는 것이다.

1930년대와 1940년대는 동북지역의 일본 침략과 중국 정부의 사립학교의 공립화정책과 외국인의 학교 설립 제약 등으로 인하여 많은 학교가 설립되지는 못하였다. 다만 일본이 점령하였거나 영향이 미치는 지역에서는 민족정신을 교육한다는 이유로 사립학교의 70% 이상을 폐교하였다.[21] 또한 남아 있는 학교는 모두 공립화하여 학교를 통해 노예화교육을 실시하였다.[22] 이 와중에 1931년 12월 19일 흥경사변이 있은 후 통화 강전자에 속성군관학교가 세워지면서 1924년에 세워졌던 화흥중학의 중학반은 없어지고 소학부만 남게되자 학교이름을 화흥학교라 개칭하였다. 이효원이 작사한 화흥학교의 교가는 다음과 같다.[23]

대동의 위력 크게 떨치던 고구려 부여 끼친 옛터에

피땀의 결정 모아 지은 집 우리 화흥교라

---

20 吉林省地方誌編纂委員會, 『吉林省誌 · 教育誌』(卷37), 吉林人民出版社, 1992年, 369쪽 참조.

21 황룡국 주필, 『봉화』(중국조선민족발자취총서 3), 민족출판사, 1989년, 719쪽 참조.

22 노예화 교육의 특징은 첫째, '황민화' 교육이다. 이를 위해 일본은 조선인들에게 군사훈련을 가르치고 일본 무술을 가르치거나 일본어를 가르쳤다. 둘째, '우매화' 교육이다. 일본인들은 조선인들에게 우수한 과학기술이나 현대 문명을 접하지 못하도록 하였다. 또한 모든 조선족 중학교를 직업학교로 바꿔 운영하였다. 셋째, '군사화' 교육이다. 일본의 전쟁확장에 따라 조선족학교를 병영화하였고, 모든 교육을 전시교육체계로 바꾸어 징병제도를 강력하게 실시하였다. 넷째, 군국주의 사상과 봉건주의 사상의 교육이다. 朴奎燦 等, 『延邊朝鮮族教育史稿』, 長春: 吉林教育出版社, 1989年, 49-51쪽 참조. 일제는 전 동북에 조선총독부의 이름으로 친일보통학교 12개소, 조선총독부에서 경비를 조달해주고 운영하는 학교 54개소를 설립하여 조선족 학생들에게 식민지노예교육을 실시하였다. 친일계통의 학생 수는 1926년 27%로부터 1934년 49.9%로 늘어났다. 황룡국 주필, 『봉화』(중국조선민족발자취총서 3), 민족출판사, 1989년, 767쪽 참조.

23 박창일 주필, 『불씨』(중국조선민족발자취총서 2), 민족출판사, 1999년, 725쪽 참조.

만세! 만세! 우리 화흥교
만세! 만세! 우리 화흥교

다음 〈표 1〉은 1935년 길림성 조선족학교의 현황이다.[24] 이 시기 353개의 조선족학교도 마찬가지로 비록 자체적인 교가를 가지고 있었다고는 보기 힘들겠지만, 이들 학교 교가도 지금은 찾기가 어렵다. 1944년 간도성 『文教要覽』의 기록에 의하면, 연길시와 주변 다섯 개 현에는 조선족소학교 474개소, 학생 8만 4,887명이 있었고, 길림성의 조선족중학교는 21개소 7,057명이었다.[25] 아쉬운 점은 이 시기의 조선

〈표 1〉 1935년 길림성 조선족학교 현황

학교		학교 수	학생 수		
			계	남	녀
합계		353	46,121	34,791	11,330
초등 교육	계	346	44,758	33,744	11,014
	보통학교	76	19,540	13,503	6,037
	사립보통학교	178	19,943	15,944	3,999
	서당	37	1,333	1,081	252
	유치원	14	541	315	226
	현립양급소학	41	3,401	2,901	500
중등 교육	계	7	1,363	1,047	316
	광명학원	2	432	229	203
	종교사립중학	2	373	270	103
	사립중학	2	543	539	4
	광명학원사범부	1	15	9	6

24 吉林省地方誌編纂委員會, 『吉林省誌 · 教育誌』(卷37), 吉林人民出版社, 1992年, 370쪽.
25 吉林省地方誌編纂委員會, 『吉林省誌 · 教育誌』 (卷37), 吉林人民出版社, 1992年, 371쪽.

족학교 교가도 지금은 찾기 어렵다는 사실이다.

지금까지 1945년 광복 이전 중국 조선족이 세운 조선족학교의 교가를 살펴보았다. 이 학교들의 교가는 한 가지 중요한 공통점을 가지고 있었다. 그것은 바로 민족정신 함양과 민족수난 극복을 위한 가사를 만들었다는 점이다. 그래서 일본에 대한 적개심을 고취하고 반일사상을 강화하여 독립쟁취의 의지를 심었던 것이다. 이를 위하여 많은 교가에는 애국정신과 독립정신을 함양하는 내용, 우리의 원수를 잊지 말라는 내용, 일본의 침략행위와 식민지 정책을 폭로한 내용, 일제 침략에 대한 조선인의 영웅적 투쟁 내용 등을 넣었다. 이처럼 조선족학교는 반일사상으로 무장하고 독립투쟁정신으로 강화되어 사실상 독립군 양성소와 다름이 없었다.

결론적으로 이상을 통하여 알 수 있는 중요한 점은 1945년 광복이전 중국 조선족이 세운 학교의 교가는 주로 시대적 상황에 맞게 항일정신과 독립정신, 그리고 대중적 계몽의식과 민족정신을 일깨우는 내용이었다는 것이다. 이것은 조선족이 사는 지역에서 폭넓은 민족적 기반을 구축하고 독립운동사상을 배양하는 데 큰 공헌을 하였다.

2) 중화인민공화국 성립 이후

1949년 중화인민공화국이 성립된 후에는 조선족 사립학교는 거의 공립학교로 바뀌었고, 중국 정부가 교육비와 보조비를 지급하면서 농촌지역에도 많은 조선족학교를 건립하고 교재비를 지원하는 등 소수민족의 교육을 지원하였다. 이에 조선족학교의 숫적 변화는 상황에 따라 국가의 주도로 이루어졌다. 그러나 1990년대 이후에는 국가의 주도와는 다른 원인으로 조선족학교의 숫자가 급격하게 줄어들고 있다. 그 원인은 첫째, 중국이 지속적으로 실시한 가족계획으로 인한 출생률 감소 때문이다. 둘째, 중국의 개혁 · 개방정책 이후와 한 · 중수교 이후 대부분 농촌에 살던 조선족들이 중국 연안의 대도시로 이동하기 시작하거나 한국과 일본 등의 해외로 이주하였다. 그 결과 농촌지역의 조선족 집거지가 급속도로 붕괴되었고, 농촌 학교의 학생도 줄어들면서 폐교하거나 통합하는 학교가 속출하였기 때문이다. 셋째, 많은 조선족 학생들이 대학 진학이나 취업을 위해 조선족학교를 다니지 않고 한족 학교를 다니기 때문이다.[26] 다음은 1949년 이후 중국 길림성 조선족학교 수의 변화이다.[27]

〈표 2〉 길림성 조선족학교 숫자의 변화[28]

학교	1949년	1985년	1993년	2002년	2010년
소학교	662	555	589	180	47
중학교 (중 · 고등학교)	40	100	133	83	42
합계	702	655	722	263	89

26 吉林市民族事務委員會, 『吉林市朝鮮族誌』(1907-1988), 內部資料, 1999年, 276쪽 참조.

27 1949년과 1985년의 기록은 『吉林省誌 · 教育誌』(卷37)를 참조하였고, 1993년의 기록은 『중국 조선족교육의 현황과 전망』을 참조하였다. 2002년 기록은 재외동포재단과 교육부에서 공동으로 조사한 2002년 중국 조선족학교 현황을 참조하였고, 2010년의 기록은 저자가 2010년 12월 길림성 각지의 조선족학교를 방문하여 조사한 결과를 적은 것이다. 여기서는 조선족과 한족이 함께 구성한 연합학교와 유치원, 소학교, 그리고 중학교가 함께 구성된 통합 조선족학교를 제외한 순수한 소학교와 중학교만을 기록한 숫자이다.

28 이 표에서는 조선족유치원, 조선족소학교, 조선족중학교, 조선족고등학교를 통합하여 운영하는 몇 개의 조선족학교와 한족과 조선족이 함께 구성된 연합학교는 제외하였다.

1949년에 이미 존재하였던 조선족학교나 1949년 이후에 개교한 조선족학교들 중 어떤 학교는 지금까지 이름을 바꿔가며 명맥을 유지하는 경우도 있을 것이고 또 어떤 학교는 이미 통합되었거나 폐교된 학교도 있을 것이다. 지금 존재하는 학교든지 이미 폐교된 학교든지 이 시기에 존재하였던 조선족학교 대부분은 교가를 가지고 있었다. 특히 1980년대 이후에는 많은 조선족학교들이 교가를 만들어 사용하였다. 그러나 지금 당시의 수백 개의 조선족학교에서 사용하였던 교가를 찾는 일은 그리 쉽지 않다.[29] 이미 많은 조선족학교 교가들이 사라져 버렸기 때문이다. 어떤 학교는 더 이상 교가가 필요하지 않다고 판단하고 예전에 사용하였던 교가를 찾으려 하지 않고 있었다. 어떤 학교는 옛 교가가 시대에 맞지 않는다고 버리고 다시 교가를 만들었다. 가장 심각한 문제는 〈표 2〉에서도 알 수 있듯이 이미 수많은 학교가 폐교되어 교가도 함께 사라져 버렸다는 사실이다.

1940년대 가장 주목할 일은 민족대학인 연변대학이 1949년 3월 20일에 개교한 것이다. 연변대학의 개교는 조선민족이 자신들의 민족대학을 갖고 자신들의 손으로 민족의 고급인재를 양성한다는 큰 의미를 가진다고 할 수 있다. 초기에는 교직원 153명, 조선족 학생 427명이었으나, 후에 여러 대학과 합병하여 조선족 이외의 여러 민족 1만 5,000여 명의 학생이 공부하는 명실상부한 중국의 종합대학이 되었

---

29 저자가 중국 현지에서 교가 수집을 하면서도 이미 폐교된 학교의 교가를 수집하는 일은 그리 쉽지 않았다. 지금까지 중국 내에서 학교와 관련하여 출판된 교육관련 서적은 많았지만 교가 관련 내용은 수록된 적이 없었고, 교가를 수록한 서적이 출판된 경우도 없었다. 또한 중국은 한국처럼 졸업앨범이 있지도 않아서 앨범 속에서 교가를 찾을 수도 없었다. 폐교된 옛 학교를 졸업한 사람을 찾아 녹음을 하는 방법도 생각하였지만 학교 교가를 기억하는 사람을 찾기도 쉽지 않았다.

연변대학

다.[30] 연변대학 교가는 1989년 연변대학 40주년 경축행사에 맞춰 정판룡의 건의로 만들어졌고, 가사는 정치적 색깔이 배제된 소박한 언어로 민족정신을 표현하였다.[31]

연길시 중심에 자리잡은 공원소학교는 1935년 연길공교회(延吉孔敎會)에서 세운 명륜학교(明倫學校)를 이은 학교로 1946년 10월 교명을

---

30 東北朝鮮民族教育科學研究所 編, 『中國朝鮮族學校誌』, 東北朝鮮民族教育出版社, 1998年, 3-6쪽 참조.

31 처음에는 '빛나라 연변대학'으로 불리었고 나중에 연변대학교 교가가 되었다. 김태갑 · 이상각 · 김동호가 작곡했고 안국민 · 최삼명 · 허원식이 작곡하였다. 연변대학교 교가의 1절은 다음과 같다.

백두의 정기를 한몸에 안고 해살 밝은 언덕에 우뚝 솟았다
겨레의 아들딸 그대 품에서 희망의 푸른 꿈 키워가노라
아, 배움의 전당 겨레의 자랑 길이길이 빛나라 우리 연변대학

연길시 공원소학교로 개칭하였다.[32] 다음은 연길시 공원소학교 교가이다.[33]

애국의 전통이 뿌리도 깊은 자랑찬 우리 학교 공원소학교
아침의 해발은 밝게 빛나고 희망은 여기서 망을 터친다
아~아~ 조국은 우리를 부른다
발걸음 씩씩히 나날이 나날이 향상해가자

집안시 조선족중학교는 1957년에 집안현 유림진 주선구촌에서 개교한 학교로, 처음의 학교 명칭은 집안시 제3중학교였다. 개교 초기에는 15명 교원과 170명의 학생이 있었다. 1964년에 학교를 집안현성으로 옮겼고 1968년에는 소학교와 합병, 1971년에 고중부가 설립되면서 소학교는 다시 독립하였다. 이후 다시 집안시 조선족중학교로 개칭하였다. 2004년에는 집안시의 모든 조선족 유치원, 소학교, 중학교, 직업고등학교를 통합하여 현재의 기숙사형 집안시 조선족학교가 되었다. 다음은 집안시 조선족중학교 교가이다.[34]

장백산맥 줄기 뻗고 압록강물 감돌아
혁명의 전통 빛나고 형제민족 다정한 곳
당과 수령 세원 준 락원 배우기도 보람찬
아~~ 배우기 보람찬 정다운 우리 학교

---

32 東北朝鮮民族教育科學研究所 編, 『中國朝鮮族學校誌』, 東北朝鮮民族教育出版社, 1998年, 583쪽 참조.

33 이 교가는 저자가 직접 연길시 공원소학교를 방문하여 얻은 것으로 1988년에 만들어졌다.

34 이 교가는 저자가 직접 집안시조선족학교를 방문하여 얻은 것으로 1962년에 만들어졌다.

나가자 동무들아 조국의 부름따라

과학의 높은 봉을 나래쳐 넘자

이상을 통하여 알 수 있는 점은 1949년 중화인민공화국 건립 이후의 중국 조선족학교의 교가는 주로 각 시기별 정치적 변화에 따라 공산당과 사회주의 찬양, 중화사상, 학교 자랑, 민족정신을 일깨우는 내용 등 다양하게 존재하고 있음을 알 수 있었다.[35]

하지만 매우 유감스러운 일은 다른 시대와 마찬가지로 이미 대다수의 조선족학교 교가가 사라졌다는 사실이며, 지금도 사라지고 있다는 사실이다. 그 이유는 간단하다. 지금까지 많은 사람들이 조선족학교의 교가에는 관심을 가지지 않았기 때문이다. 조선족 교육에 관한 다른 분야는 많은 연구가 이루어졌지만 교가만은 그렇지 못했다. 심지어는 중국 조선족학교에서 근무하는 선생님조차도 교가의 중요성을 인식하지 못하고 방치해 버린다는 것이다. 그러나 조선족학교들이 가지고 있었던 그들만의 교육적 정신이 담긴 교가는 시대적 상황을 잘 대변해 주는 없어져서는 안 되는 우리 한민족의 문화이다.

여기에서 나타난 여러 가지 특징들은 다음 글인 중국 조선족학교 교가의 특징에서 자세히 다루겠다.

35 시대적 상황에서 중요한 것은 당의 교육방침이다. 1980년대를 보면, 1985년 5월 「교육체제개혁에 관한 중공중앙의 결정」에서는 '교육은 반드시 사회주의 건설을 위하여 복무하여야 하며 사회주의 건설은 반드시 교육에 의거하여야 한다'고 교육사업의 총적인 지도사상을 제기하였다. 연변대학 교육학심리학 연구실, 『연변조선족교육사』, 연변인민출판사, 1987년, 350-351쪽 참조.

3. 조선족학교 교가의 특징

1949년 3월 동북민정국의 통계에 의하면, 당시 동북3성에 조선족중학이 70개소, 교원이 550명, 학생이 1만 6,700명이고 소학교가 1,500개소, 교원이 5,500명, 학생이 18만 명이며 사범학교가 4개소, 학생이 850명이었다.[36] 길림성의 경우만 보더라도 1949년 소학교와 중학교를 합하여 702개소의 학교가 있었다. 그러나 2010년 현재 중국 내 조선족학교는 350여 개소로 줄었고 길림성의 조선족학교도 89개소로 줄었다.[37] 이러한 조선족학교의 숫자는 교가의 현 상황을 그대로 보여주는 자료라고도 할 수 있다. 왜냐하면 조선족학교의 폐교는 교가의 수량과도 밀접한 관계가 있기 때문이다. 그럼, 현재 조선족학교의 교가는 어떠한 모습으로 존재하고 있을까?

첫째, 조선족학교 교가에 대한 기록이 없다. 많은 조선족학교에서는 이미 교가를 부르지 않고 있으며, 교가 자료에 대한 체계적인 관리가 이루어지지 않고 있다. 이런 와중에 조선족학교는 급속도로 폐교되는 학교가 늘어났다. 그 결과 현존하는 조선족학교를 제외하고 이미 폐교된 학교의 경우, 이전의 조선족학교에 몇 개의 교가가 있었는지

36 차철구 외, 『중국조선족혁명투쟁사』, 연변인민출판사, 2009년, 736쪽.

37 2010년 중국 내 조선족학교 숫자는 저자가 현지조사를 하면서 교육 관련자들에게서 들은 정보이다. 이 숫자의 정확도에 대해서는 알 수 없지만 중국 내 조선족학교가 급속히 줄고 있다는 사실을 보여준다고 하겠다.

폐교된 용신소학교의 교가 수집과정(최창현 퇴직교장과 함께)

알 방법이 없다. 심지어는 많은 선생님들과 학생들이 자신의 학교에 교가가 있는지에 대한 정보조차도 알고 있지 못했다.[38] 다행히 수십 년을 근무한 선생님이 있는 경우는 예전의 교가가 있었는지 없었는지는 그나마 알 수 있었다. 그러나 일반적인 상황은 시간이 지나면서 선생님들이 교체되어 기존의 교가가 어디 있는지 잘 알지 못했다. 따라서 일반 교원은 알지 못하고 교장선생님이나 음악선생님이 알고 있는 경우가 많았다. 그러나 이것도 오래 사용하지 않아 학교 당안실에서 찾으면 다행이지만 찾지 못하는 경우가 더욱 많았다. 이렇게 된 근본적인 이유는 조선족학교가 교가에 대한 기록이 없기 때문이다. 학교마다

38 이런 경우 저자가 이미 교가를 가지고 있지만 학교를 방문하여 물어보면 교가가 없다고 한 경우가 실제로 많았다.

교가의 유무 및 자세한 정보가 기록으로 남아있지 않다. 따라서 학교마다 교가에 대한 형태는 크게 다음과 같이 나눌 수 있다. 즉 원래 교가가 없었던 학교, 교가가 있다가 없어진 학교, 교가가 바뀐 학교, 교가가 있는 학교 등이다.[39] 또한 교가를 만든 시기도 알 수 없다. 일반적으로 80-90년대에 많은 교가들이 만들어진 것으로 추측할 뿐 자세한 정보는 얻을 수 없었다.[40] 이러한 경우 학교에서 근무하던 선생님들이 만든 경우가 많았는데 그 분들은 지금 은퇴하였거나 사망하여 그 정보를 얻는 것이 쉽지 않았다.

둘째, 조선족학교 교가는 학교 교원이 자체적으로 만들었다. 다시 말해 조선족학교 교가는 전문 음악인이 만든 것이 아니라 학교에서 근무하는 조선어 교원이나 교장이 작사를 하고 음악선생님이 작곡을 한 경우가 많았다. 특이한 점은 작사인 경우 조선어문조나 음악조처럼 집체가 작곡한 것이다. 이에 조선족학교 교가의 작사가와 작곡가가 겹치는 경우는 거의 없었다. 이러한 원인으로 조선족학교 교가는 상황에 맞게 조금씩 변화를 할 수 있었다. 즉 교가가 최초 만들어진 뒤에도 끊임없이 바뀐다는 사실이다. 시대적 상황에 따라 학교 교원이 다시 작곡을 하거나 작사를 하는 것이다. 하지만 그들이 비전문가이기 때문에 교가의 변화는 그리 크지 않다. 예를 들어 일본의 침략시기에 부르던

39 이것은 조선족학교 교가의 특징 중 하나이다. 한국의 경우, 일반적으로 교가는 학교가 개교할 때 생겼다가 폐교와 동시에 사라지는 경우가 많다. 하지만 중국 조선족학교의 경우, 교가는 반드시 학교의 개교와 동시에 생겨나지도 않으며, 폐교와 더불어 사라지지도 않는다. 조선족학교는 개교 후 수십 년이 지난 뒤에 교가를 만들기도 하였고, 조선족학교가 통 · 폐합을 통해 새로운 학교가 개교하더라도 이전의 교가를 사용하기도 한다.

40 현지조사에서 현직 교원들을 통해 알게 된 이유는 다음과 같이 두 가지이다. 먼저, 시대적인 배경이다. 중국의 개혁개방정책 이후 정치적인 압력이 줄어든 자유로운 분위기에서 학교의 교가를 만들기 시작하였다. 다음으로, 조선족 사회에서 70년대에 대학을 졸업하고 80년대에 학교에서 근무하는 사람들이 특히 능력이 우수한 사람들이 많았다는 점이다. 이들은 많은 능력을 겸비하였고 학교에서 경륜이 쌓인 뒤 자신의 학교 교가를 만들었다고 한다.

항일적인 가사가 혁명가나 사회주의를 찬양하는 노래로 바뀌었다. 또한 학교가 통폐합을 통해 새로운 학교로 개교하였을 경우, 예전의 교가를 약간 수정하여 사용하는 경우도 있었다.

셋째, 교가가 없는 조선족학교가 늘고 있다. 그 대표적인 예가 통합 조선족학교와 연합학교이다. 통합 조선족학교는 근래 급격히 늘고 있는 학교 형태로, 지금은 교가가 없지만 이후에 만들려는 경향을 보였다. 농촌지역의 조선족 인구감소는 학생들의 감소로 이어져 많은 학교가 폐교되거나 합병되는 경우가 많았다. 이러한 경우 근처의 여러 학교가 하나의 학교로 통합되는데,[41] 이러한 통합 조선족학교는 아직까지 교가를 만들고 있지 않은 것이다. 연합학교 역시 교가가 없다. 연합학교란, 농촌지역의 학생이 줄어들자 순수한 조선족학교를 없애고 한족과 조선족을 합쳐 만든 학교이다. 이럴 경우 조선반과 한족반을 나누어 교육을 하고 있으며, 교장선생님도 각각 두는 경우가 많다. 그러므로 민족교육에는 한계가 있을 수밖에 없다. 이런 학교는 거의 자체적인 학교 교가가 없다. 통합조선족학교와 연합학교에 교가가 없는 주요한 원인은 예전처럼 교가를 중시하지 않기 때문이다. 결국 교가 없이 학교를 운영하거나 이전의 학교 교가를 이용하는 경우가 대부분이다.

넷째, 교가를 알리려는 노력이 부족하다. 한국의 학교 홈페이지에서 교가를 쉽게 찾을 수 있는 것과는 대조적으로 중국의 조선족학교 홈페이지에서는 교가를 찾기 힘들다. 물론 농촌지역의 조선족학교는 홈페이지가 없는 경우가 허다하다. 대도시에 있는 조선족학교의 경우 학교 홈페이지를 가지고 있는 경우가 점점 늘고 있지만 홈페이지에서

41 이러한 통합 조선족학교는 유치원, 소학교, 중학교를 모두 포함하는 경우가 많다. 따라서 학교 이름도 지명에 따른 '* * 조선족학교'라고 부르고 있다. 지금 많은 지역이 이렇게 진행되고 있는 것으로 보아 앞으로는 지역별로 이러한 조선족학교가 하나씩 존재할 것으로 판단된다.

매하구시조선족실험소학교 1층 현관

교가를 찾기 힘들다. 교가라는 성격이 외부사람들에게나 동문들에게 선전하는 것이 목적임을 감안하면 이러한 상황은 하루빨리 개선되어야 한다.[42] 교가의 선전이라는 측면에서 볼 때, 유일하게 하는 방법은 학교 본관 1층 현관에 교가를 게시물로 구성한 것이다. 하지만 이러한 경우도 조선족소학교에서만 많이 볼 수 있었다. 이러한 교가 게시물 배치는 대부분 80-90년대에 설치한 것으로 매우 낡은 상태였다. 이에 학교에서 다시 게시물을 정리하는데, 이때에는 교가 게시물을 다시 구성하지 않는 경향을 발견할 수 있었다.

다섯째, 폐교된 조선족학교 교가는 사라지고 있었다. 1949년 이전

42 저자가 길림성 각지의 조선족학교를 다니면서 교가를 수집할 때에도 많은 학교에서 교가를 공개하는 것을 꺼렸다. 어떤 교장선생님은 교육국의 공문을 가져오라고 하는 경우도 있었고, 어떤 교장선생님은 교가가 없다고 거짓말을 하는 경우도 있었다.

에 존재하였던 조선족학교나 1949년 이후에 존재하였던 조선족학교는 대부분 교가를 가지고 있었다. 특히 1980년대 이후에는 많은 조선족학교들이 교가를 만들어 사용하였다. 그러나 지금 1949년의 702개소, 1993년의 722개소의 소학교와 중학교 조선족학교에서 사용되었던 교가들은 학교의 폐교와 함께 사라져 갔다. 지금 수집하기 위해서는 단지 몇 가지 방법에 의지할 수밖에 없다. 가장 보편적인 방법으로는 그 지역의 조선족학교나 교육국을 찾아가 당안실에서 폐교된 교가를 찾는 것이다. 그러나 이 방법은 상대방의 협조가 필수적이다. 또 다른 방법은 학교 자체행사인 '건교 * * 주년 기념책자'를 찾는 것이다. 이외에도 작사가나 작곡가의 작품집에서 찾을 수 있고, 각 지역의 문사자료집에서 찾을 수 있다. 항일사료집이나 조선족 교육사료집에서도 찾을 수 있지만 악보는 없고 가사만 있다. 폐교된 학교를 졸업한 사람에게 교가를 직접 녹음하는 방법이 있지만 이런 경우 폐교된 학교의 졸업생을 찾아야 하고 그 사람들이 졸업한 학교의 교가를 기억해야 하는 어려움이 있다. 여기서 주목할 한 가지 사실은 지금까지 유일하게 『중국조선족교육』이라는 잡지가 1989년 9월호부터 2004년 11월호까지 부정기적으로 조선족학교 교가를 실었다는 점이다.[43] 여기에는 현존하는 학교의 교가도 있지만 폐교된 학교의 교가도 상당수 포함되어 있다.

여섯째, 조선족학교 교가는 시대상을 보여준다. 교가는 그 시대를 배경으로 한 학교의 교육목표나 지역의 정서 등을 담고 있는 것이 일

43 『중국조선족교육』에 실린 교가들 대부분은 길림성 소재 학교의 교가이며, 2개의 유치원 원가가 있었고, 4개 학교의 교가들은 제목을 가지고 있었다. 또한 대부분이 조선어로 작사가 되었지만 폐교된 汪清一職 교가는 중국어로 되어 있다. 작사와 작곡이 없는 경우도 2개 교가가 있었고, 작곡만 없는 경우도 1곳이 있다.

반적이다. 조선족학교 교가 역시 1945년 광복 이전의 시대적 배경과 1949년 이후 중화인민공화국의 정치적 · 사회적인 배경을 잘 담고 있다고 할 수 있다. 1945년 이전의 조선족학교 교가는 주로 시대적 상황에 맞게 항일정신과 독립정신, 그리고 대중적 계몽의식과 민족정신을 일깨우는 내용을 담고 있다. 1908년 개교한 명동학교의 교가는 다음과 같다.[44]

한뫼가 우뚝코 은택이 호대한 한배검의 깃치신 이 터에
그 씨와 크신 뜻 넓히고 기르는 나의 명동
웅장한 조상 피 이 속에 흐르니 아무런 일 겁낼 것 없구나
정신은 자유요 의기가 용감한 나의 명동

1949년 이후 중화인민공화국의 조선족학교 교가는 주로 각 시기별 정치적 변화에 따라 공산당과 사회주의 찬양, 중화사상, 학교 자랑, 민족정신을 일깨우는 내용 등 다양하게 시대상을 반영하고 있다. 여기서 재미있는 사실 한 가지는 지역에 따른 서로 다른 조선족학교 교가의 특징을 발견할 수 있다는 점이다. 통화시의 조선족학교의 교가에는 학교명이 들어가 있지 않고, 내용은 공산당과 사회주의를 강조하고 있다. 연길 지역 조선족학교의 교가는 학교가 배움의 공간이라는 것과 학교를 자랑하는 내용을 많이 담고 있다. 용정 지역의 교가는 오랜 전통을 강조하는 교가가 많이 있다. 이러한 지역적 특색은 교가가 어느 시기에 만들어졌느냐에 따라 다르다고 할 수 있다. 공산주의 사상으로 정치적 힘이 작용한 시기에는 공산당 사회주의 색채가 강하게 나타났

44 연변대학 조선문학연구소 편, 『20세기중국조선족문학사료전집』 항일가요, 연변인민출판사, 2009년, 354쪽.

고 개혁개방 이후에는 정치적 색깔보다는 중화사상이나 더 나아가서는 민족정신의 고양이 조심스럽게 담겨 있다. 다음은 중화인민공화국 성립 이후에 개교한 장춘시 록원구 조선족소학교의 교가이다.[45]

아침 해 두둥실 뜨는 학교
영화성에 우뚝 솟은 우리 배움터
은혜로운 당의 해살 담뿍 안고서
아름다운 무지개 꽃 피워갑니다
아~ 아 빛나라 길이 빛나라 희망찬 록원구 조선족소학교
길이~ 빛나아라

마지막으로, 조선족학교 교가에는 별도의 제목이 있는 경우가 있다. 일반적인 교가는 학교 이름을 붙혀 '* * 교가'라고 하지만 간혹 교가에 제목을 붙혀 사용하는 경우가 있었다. 예를 들어, 도문철도실험소학교의 교가는 '배움의 요람'이라는 제목을 가지고 있고, 매하구시 제11중학교 교가는 '번영하는 배움터'라는 제목을 가지고 있다.

이 외에도 유치원의 경우는 교가(원가)가 거의 없으며, 중국어로만 된 조선족학교 교가를 가지고 있는 현존 조선족학교가 한 학교가 있었는데, 동풍조선족중학교이다.[46]

---

45 이 교가는 저자가 직접 장춘시 록원구조선족소학교를 방문하여 얻은 것이다.

46 저자가 직접 학교를 찾아가서 교가를 만든 최기생 선생님을 만났다. 그는 이미 은퇴한 상태였는데 1988년 교가를 만들었으며, 비록 할아버지가 조선족이지만 자신은 조선말을 몰라 중국어로 교가를 만들었다고 하였다. 아쉬운 사실은 최기생 선생님도 교가를 잊어버렸고 학교에도 기록이 없어 수집을 못한 점이다.

4. 맺음말

민족의 장래를 결정짓는 것은 후세 교육에 달려있다고 할 수 있다. 그러므로 교육의 기본 방향을 어떻게 설정하느냐에 따라 민족의 진로가 좌우된다 할 것이다. 교가는 바로 학교 교육의 기본 방향이다. 본래 교육의 보편적 목표와 참뜻은 자라나는 2세들로 하여금 인격과 소양을 갈고 닦는 데에 있다. 그러나 시대적 혹은 정치적 · 사회적 상황에 따라서 당면한 문제들을 극복하기 위하여 특별히 강조 · 강화되어야 할 부분이 있게 마련이다. 그 결과 조선족학교 교가는 1945년 광복 이전에는 반일정신과 민족정신을 중요시하였다. 조국은 외세에 의해 강점당하고 있고, 이역고도(異域孤島)에서 스스로의 운명을 개척하며 조국광복을 위한 의지를 불태우고 있던 중국 조선족으로서는 반일정신과 민족정신을 제일 중시할 수밖에 없었다. 1949년 중화인민공화국이 성립된 이후에도 정치적 · 사회적 상황에 따라 수많은 조선족학교 교가가 탄생되었다.

본 연구는 중국 길림성 지역의 조선족학교 교가를 연구 대상으로 삼아 그 망실과 현황에 대해 현지 조사 결과를 바탕으로 고찰하였다. 이를 통하여 그동안 관심 밖에 있었던 우리 한민족의 민족유산인 조선족학교 교가가 그 가치를 인정받고, 이후 조선족학교 교가에 대한 연구가 활발해지기를 희망한다.

중국 조선족학교 교가는 1900년경 학교 설립과 동시에 만들어지기 시작하여 일본 강점기 시대를 거쳐 중화인민공화국 시기까지 꾸준히 학생들에 의해 불린 노래이다. 그러나 현재의 조선족학교 교가의 현황은 그다지 좋지 않다.

먼저, 조선족학교 교가의 망실을 살펴보면, 1900년대부터 1910년대까지 길림성에 조선족학교가 정확하게 얼마나 있었는지에 대해서는 자세하게 알 수도 없고, 현재 남아 있는 조선족학교 교가 역시 몇 곡에 불과하다. 1928년 중국 길림성 조선족학교는 모두 628개소였다. 그러나 이 시기에 존재하였던 조선족학교가 모두 자체의 교가를 가지고 있었는지도 알 수 없고, 그 당시에 부르던 교가 역시 현재 거의 사라져 지금은 찾기가 어렵다. 1935년 길림성에는 353개의 조선족학교가 존재하였지만 이들 조선족학교 교가도 지금은 많이 망실되어 존재하지 않는다. 1944년 연길시와 주변 다섯 개 현에는 조선족소학교 474개소, 길림성의 조선족중학교는 21개소였다. 그러나 이 시기의 조선족학교 교가 역시 지금은 대부분 망실되었다. 1949년 길림성 소재의 조선족소학교와 조선족중학교를 합하여 702개소의 학교가 있었지만 지금은 폐교된 학교가 많아 교가 수집이 쉽지 않은 상황이다.

다음으로, 조선족학교 교가의 현황을 살펴보면, 첫째, 조선족학교는 교가에 대해 체계적인 관리를 하지 않고 있으며, 많은 조선족학교가 급속도로 폐교됨에 따라 교가 역시 사라져 가고 있다. 둘째, 조선족학교 교가는 전문 음악인이 만든 것이 아니라 학교에서 근무하는 조선어 교원이나 교장이 작사를 하고 음악선생님이 작곡을 한 경우가 많았다. 특이한 점은 작사인 경우 조선어문조나 음악조처럼 집체가 작곡한 것이다. 셋째, 교가가 없는 조선족학교가 늘고 있다. 그 대표적인 예가 통합조선족학교와 연합학교이다. 넷째, 교가를 알리려는 노력이 부족하다. 예로, 학교 홈페이지에서 교가를 공개한 학교가 거의 없었다. 다섯째, 조선족학교 교가는 시대상을 보여주고 있다. 1945년 이전의 조선족학교 교가는 주로 시대적 상황에 맞게 항일 정신과 독립정신, 그리고 대중적 계몽의식과 민족정신을 일깨우는 내용을 담고 있다. 1949년 이후 중화인민공화국의 조선족학교 교가는 주로 각 시기별 정치적 변화에 따라 공산당과 사회주의 찬양, 중화사상, 학교 자랑, 민족정신을 일깨우는 내용 등 다양하게 시대상을 반영하고 있다. 마지막으로, 조선족학교 교가에는 별도의 제목이 있는 경우가 있다. 일반적인 교가는 학교 이름을 붙혀 '* * 교가'라고 하지만 간혹 교가에 제목을 부쳐 사용하는 경우가 있었다.

예로부터 한민족은 자녀 교육열이 높은 것으로 세계적으로 정평이 나 있다. 부모들은 자신의 모든 것을 희생하면서까지 자녀교육에 열중한다. 이국땅에 신천지 개척자로 나선 조선족이 제일 먼저 한 일은 자녀교육에 차질이 없도록 학교를 세운 것이다. 이러한 조선족학교 교육의 중심에는 교가가 있었다. 이러한 교육적인 정신문화를 연구하기 위해서는 반드시 조선족학교 교가에 대해서 지속적으로 연구할 필요가 있다. 때문에 앞으로 지속적인 자료의 수집이 요구되며 여러 측면에서의 연구가 진행되어야 할 것이다.

III

길림성
조선족학교 교가

장춘시관성구조선족소학교 교가 (현)

- 푸른꿈의 요람 -

작사·작곡 미상

자료: 2011년 1월 14일 학교 1층 게시판 촬영.

장춘시관성구조선족소학교 교가(구)

명랑하게

작사 김정애 작곡 정예성

자료: 『중국조선족교육』, 1997년 5월.

장춘시관성구조선족소학교 교가(구)

씩씩하고 행복이 넘치게 작사 권홍 작곡 도은숙

자료: 2012년 학교 90주년 기념행사 책자. 현 교장 권홍선생님이 북한 사람 도은숙 선생님에게 의뢰하여 만들었으나 얼마간 사용하고 예전 교가로 되돌아갔다.

장춘시이도구조선족소학교 교가

자료: 2010년 7월 25일 연변조선족자치주의 한 헌책방에서 촬영.

장춘시록원구조선족소학교 교가

작사 허하룡 작곡 홍성국

자료: 2011년 1월 14일 학교 선생님 제공.

유수시연화소학교 교가

작사·작곡 미상

자료: 2014년 8월 학교 선생님 제공.

구태시신선소학교 교가

작사 리현덕 작곡 리승무

자료: 2014년 8월 구태시조선족학교에서 수집.

장춘시조선족중학교 교가(현)

작사 정준갑 작곡 허성일

자료: 2015년 7월 학교 선생님 제공.

장춘시조선족중학교 교가(구)

행진속도로 씩씩하게

작사·작곡 허성일·김동균

자료: 인터넷 검색 수집(검색일: 2010년 7월 20일)

장춘시제2조선족중학교 교가

- 신나는 배움터 -

작사·작곡 미상

자료: 2011년 1월 16일 학교 교문 안쪽 게시판 촬영.

구태시조선족학교 교가

작사 김영주 작곡 최명화

자료: 2014년 7월 26일 학교 선생님 제공.

길림시조선족실험소학교 교가(현)

작사 김영애 작곡 정해화

자료: 『중국조선족교육』, 2004년 6월.

길림시조선족실험소학교 교가(구)

작사 김영애 작곡 최차식· 리봉숙

자료: 『중국조선족교육』, 1999년 2월.

길림시룡담구강밀봉진조선족중심소학교 교가

자랑차게

작사 김병춘 작곡 김덕균

자료: 2014년 8월 학교 도서관에 걸려있는 액자 촬영.

영길현조선족실험소학교 교가

생기있고 활발하게

작사 정순녀 작곡 조동길·려영자

자료: 『중국조선족교육』 1999년 1월.

교하시조선족실험소학교 교가

–우리의 요람–

작사 허순옥 작곡 박만철

자료: 2014년 8월 학교 현관 게시판 촬영.

반석시조선족실험소학교 교가

자랑스럽게

작사 박봉춘 작곡 리도권

자료: 2014년 8월 학교 현관 게시판 촬영.

서란시조선족실험소학교 교가

1=D 작사·작곡 집체

자료: 2014년 8월 학교 복도 게시판 촬영.

서란시평안진조선족중심소학교 교가

1=F 4/4

작사 최승을 작곡 최춘서

자료: 2014년 8월 학교 선생님 제공.

2

길림시조선족중학교 교가

생신하게

작사 김응준 작곡 윤옥매

자료: 2011년 1월 학교 방문 수집.

길림조중 교가

숭엄하게

작사 문창남 작곡 석채수

자료: 길림시조선족중학교 60주년 책자(2009년).

영길현조선족제1중학교 교가

희망을 안고 씩씩하게

작사 송영호·박운호 작곡 고경암

자료: 『중국조선족교육』, 1991년 9월.

교하시조선족중학교 교가(현)

자료: 교하시조선족중학교 50주년 책자(2002년).

교하시조선족중학교 교가(구)

서정적으로

작사 김영철 작곡 리세원

자료: 『중국조선족교육』, 1995년 9월.

점차느리게
1.
2.
교 하 조 중 이 여
교 하 조 중 이 여

길림시룡담구강밀봉진협성학교 교가

작사 승덕경 작곡 미상

자료: 2014년 8월 학교 자료실에서 수집. 자료에는 다음과 같이 기록되어 있음; 1933년 개교한 협성학교는 1937년에 학교 이름을 영녕국민우급학교로 개명하였고, 1948년에 다시 길림시룡담구강밀봉진조선족중심소학교로 이름을 바꾸었다.

길림시룡담구강밀봉진영녕국민우급학교 교가

작사 박춘배 작곡 미상

자료: 2014년 8월 학교 자료실에서 수집. 원래는 일본어 가사이고 한글 번역은 가사의 대략적인 뜻이다.

통화시조선족소학교 교가(폐교직전)

정답고 자랑차게

작사 김항옥 작곡 리대현

자료: 2011년 1월 9일 학교에서 받은 학교소개 책자.

통화시조선족소학교 교가(구)

작사 김항옥　작곡 리대현

자료: 『중국조선족교육』, 1997년 8월.

3.
납 니 다
자 라 납 니 다

통화현동안조선족소학교 교가

- 행복의 요람 -

작사 김정규 작곡 강영태

자료: 학교 홈페이지(검색일: 2010년 7월 12일)

우 린 예 서 씩 씩 하 게 자 라 난 다 오

류하현조선족실험소학교 교가

씩씩하고 명랑하게　　　　　　　　　　작사 남영전　작곡 김석주

자료: 2011년 1월 학교 1층 현관 게시판 촬영.

다
꽃 피워 갑 니 다

매하구시조선족실험소학교 교가

씩씩하고 자랑차게

작사 김영순·마송학 작곡 박로덕

자료: 2011년 1월 11일 학교 현관 게시물 촬영.

매하구시조선족중학교 교가

박력있게

작사 집 체　작곡 김경애

자료: 2011년 1월 11일 학교 선생님 제공.

매하구시제2중학교 교가

- 자랑찬 매하 2중 -

작사 정 령　작곡 김병갑

자료: 『중국조선족교육』, 1993년 5월.

매하구시제9중학교 교가

작사 · 작곡 미상

백의 겨레 피를 이은 유서 깊은 구룡산 아래
아담히 자리 잡은 배움의 요람이여
스승님 손길 아래 깃을 키우며
아름다운 미래를 꽃펴가네
아~~~ 빛나라 매하구중이여
슬기와 용맹을 키워주는 요람이여

자료: 매하구시 조선족 중학교 선생님 제공.

매하구시제11중학교 교가

- 번영하는 배움터 -

호매롭고 자랑스럽게

작사 임일 작곡 리종화·임일

자료: 『중국조선족교육』, 1993년 4월.

결속구
그 이 름 그 영 예 길 이 길 이 빛 나 라

매하구시조선족직업고급중학교 교가

작사 · 작곡 미상

(1절)

유구한 고구려 옛 성터에 아담한 청사 높이 솟았네

겨레의 새싹들 가꾸어 가는 희망찬 직업고중 배움의 요람

(2절)

애기별 흘러드는 매하 기슭에 현대화 설계도 수놓아가네

지식의 푸른 날개 활짝 펴가는 보람찬 직업고중 배움의 요람

(후렴)

아, 청춘의 꿈 키워가자 희망의 꽃을 피워가자

자료: 매하구시조선족중학교 선생님 제공.

통화시조선족중학교 교가

행진속도로

작사 조선어문조 작곡 문영준

자료: 통화시조선족중학교 60주년 책자(1절만 나와 있다). 가사 1, 2, 3절이 모두 있는 교가는 연변대학 허청선 교수님이 제공(이 교가에는 작곡가가 문영운이라고 되어 있다.)

빛나는길 따라 스승 의 품에 서 배우 고 또 배
빛나는길 따라 전통 을 빛내 며 배우 고 또 배
설계 도 따라 스승 을 품에 안고 배우 고 또 배
워 각오 와 문화 있 는 근로자되리
워 각오 와 문화 있 는 근로자되리
워 각오 와 문화 있 는 근로자되리

통화현조선족중학교 교가

- 희망찬 우리학교 -

자료: 2011년 1월 9일 학교 선생님이 수집 후 제공.

류하현조선족완전중학교 교가

자랑스럽게 작사 김석주 작곡 한해진

자료: 2005년 발행된 류하현조선족완전중학교 교지(校誌).

집안시조선족중학교 교가

느리지않게

작사·작곡 조문교연조 집체

자료: 2011년 1월 학교에 선생님이 제공.

통화현조선족학교 교가

자료: 학교 홈페이지(검색일: 2013년 4월 15일)

신흥무관학교 교가

작사·작곡 미 상

자료: 『중국조선족가요대전』, 연변교육출판사, 2007년.

동명학교(東明學校) 교가

작사 · 작곡 미상

신성하신 배달민족 900여 호가
천은 보배정신 자전(資錢) 모두 합하여
삼원포에 영광 있는 동명학교를
영원히 설립하였네
만세 만세 동명학교 만세
만세 만세 동명학교 만세
전진하는 마음으로 노래부르네
동명학교 만세

자료: 『20세기 중국조선족문학사료전집』 제3집 항일가요(기타), 연변인민출판사, 2009년.

공주령시조선족중학교 교가

작사 천윤식 작곡 류영철

자료: 2011년 1월 13일 학교 선생님 제공.

공주령시조선족학교 교가

좀 빠르고 씩씩하게

작사 천윤식 작곡 방인혁

자료: 2011년 8월 학교 선생님 제공.

장백조선족자치현제2실험소학교 교가(폐교직전)

작사 김성　작곡 문재봉

자료: 장백현제2실험소학교 설립 90주년 책자(2008년).

우 리 말 우 리 글 을 배 우 는 학 교 배 우 는 학 교
우 리 춤 우 리 노 래 배 우 는 학 교 배 우 는 학 교
우 리 몸 우 리 마 음 배 우 는 학 교 배 우 는 학 교

장백조선족자치현제2실험소학교 교가(구)

작사 김 성　작곡 류경자

자료: 『중국조선족교육』, 2001년 11월.

장백조선족자치현제2중학교 교가

자랑차게, 행진속도로

작사 최호순 작곡 리상률

자료: 장백조선족자치현제2중학교 학교 소개 책자(2006년).

6·1 유치원 원가(폐교직전)

조금 빠른 속도 재미나게 　　　　　　　　 작사 허미란 작곡 류영섭

자료: 『연길백년교육』, 길림성 내부자료, 2001년.

6·1유치원 원가(구)

- 노래하자 6,1 유치원 -

작사 김응준 작곡 림안호

자료: 『중국조선족교육』, 1991년 10월.

자 국 마 다 영 광 넘 쳐 라
앞 길 은 찬 란 하 여 라

연길백화상점유치원 원가

자랑스럽게

작사 김득만·서정숙 작곡 최정숙

자료: 『김득만 동요 200곡집』, 동북조선민족교육출판사, 1996년.

선재음악유치원 원가

흥겨웁게

작사 남희중 작곡 리채렬

자료: 리채렬 작곡집 『고향의 봄노래』, 내부자료, 1993년.

연길시신흥소학교 교가

작사 차녕호 작곡 강송환

자료: 2011년 1월 5일 학교 현관 게시판 촬영.

연길시중앙소학교 교가

행진속도로 힘차게

작사 김응준 작곡 본교음악조

자료: 『학생노래집』, 연변대학출판사, 1988년.

연길시연북소학교 교가

씩씩하게　　　　　　　　　　　　　　　　　　　　　　　작사 김만석　　작곡 김경률

자료: 2011년 1월 5일 이미 폐교된 학교 건물 1층 복도 게시판 촬영.

연길시동산소학교 교가

힘차고 활발하게

작사 김득만 작곡 김남호

자료: 『김득만 동요 200곡집』, 동북조선민족교육출판사, 1996년.

연길시공원소학교 교가

작사 김응룡 작곡 정근포

자료: 『정근포작곡집』, 동북조선민족교육출판사, 1999년.

연길시태평소학교 교가

작사 송영철 작곡 하미자

자료: 『중국조선족교육』, 1995년 8월.

연길현립제3소학교 교가

작사 · 작곡 미상

아름다워라 연길3교여
벽차게 꾸려지는 배움터
슬기론 장백의 기상 우러러
문명도 날따라 빛을 더하누나
순박한 학교준칙 뜻도 깊거늘
우리네들 한맘으로 받들어 가세

자료: 『연변문사자료』(제5집), 내부발행, 1988년.

연변제1사범부속소학교 교가

작사 김만석 작곡 김정률

자료: 『중국조선족교육』, 1995년 3월.

연길시인평소학교 교가

작사 집체 작곡 박학림

자료: 2011년 1월 학교 1층 복도 촬영.

연길시조양소학교 교가(현)

작사 윤태삼 작곡 전영권

자료: 2007-2008학년도 제2학기 학교 소개 책자.

연길시조양소학교 교가(구)

작사 윤태삼 작곡 전영권

자료: 『중국조선족교육』, 1994년 6월.

연길시의란소학교 교가

작사 최문섭 작곡 류영섭

자료: 『중국조선족교육』, 1997년 9월.

연길시연신소학교 교가

작사 동심 작곡 창모

자료: 『중국조선족교육』, 1989년 9월.

연길시연남소학교 교가

자료: 『중국조선족교육』, 1995년 1월.

연길시건공소학교 교가

작사 김복만 작곡 김을섭

자료: 『중국조선족교육』, 1994년 9월.

룡정시유신소학교 교가

작사 손춘국 작곡 김종권

자료: 2010년 8월 도문시월청진중학교 선생님 제공.

룡정시실험소학교 교가(현)

- 빛나라, 룡정실험소학교-

장엄하게

작사·작곡 집 체

자료: 2010년 7월 학교 현관 게시판 촬영.

룡정시실험소학교 교가(구)

작사 전광하·송영철 작곡 허청송

자료: 『학생가요곡집』, 동북조선민족교육출판사, 1992년.

룡정시길성소학교 교가

자랑차게 작사 김덕균 작곡 김덕균

자료: 『학생노래집』 1, 연변대학출판사, 1988년.

룡정시용신소학교 교가

작사 최창현 작곡 전광수

자료: 2010년 7월 27일 폐교된 학교 옆에 사는 최창현 교장선생님 제공.

룡정시동불소학교 교가

행진속도로 자랑차게

작사 백재봉·김득만 작곡 리하수

자료: 『중국조선족교육』, 1997년 10월.

룡정시로투구소학교 교가

정다웁게

작사 박덕준 작곡 박송화

자료: 『중국조선족교육』, 1997년 2월.

룡정시북안소학교 교가

작사 집 체　작곡 안홍천

자료: 2010년 7월 학교 1층 현관 게시판 촬영.

룡정시신안소학교 교가

행진조로

작사 장영철 작곡 박상준

자료: 『중국조선족교육』, 1996년 2월.

양정소학교 교가

작사 · 작곡 미상

(1절)

검푸른 두만강 옆에 끼고서
천평을 씻어낸 샘물터에는
우뚝 솟은 우리의 양정 빛나라
양정아, 양정아, 양정아, 양정아

(2절)

미상

자료: 『룡정문사자료』(제1집), 내부자료, 1986년.

룡정시개산툰화학섬유팔프공장자녀제2소학교 교가

작사 김문세 · 리룡철 작곡 류태봉

자료: 『중국조선족교육』 1992년 11월. 이 교가는 현재 개산툰아송제2소학교 교가로 쓰이고 있다.

화룡현룡수소학교 교가

보통속도로　　　　작사 김창석　작곡 동희철

자료: 『중국조선족교육』, 1992년 4월.

화룡현룡천소학교 교가

작사·작곡 송영철

자료: 『중국조선족교육』, 1991년 6월.

화룡현투도진제1소학교 교가

행진조로

작사 김응준　작곡 김득진

자료: 『중국조선족교육』, 1993년 3월.

화룡현팔림소학교 교가

작사 김련옥 작곡 박연숙

자료: 『중국조선족교육』, 1991년 11월.

화룡현제1실험소학교 교가

류창하게

작사 한윤호 작곡 류영섭

자료: 『류영섭작곡집』, 동북조선민족교육출판사, 1992년.

화룡현신동소학교 교가

정답게 보통속도

작사 김문희 작곡 류영섭

자료: 『중국조선족교육』, 1992년 7 · 8년(합본).

화룡현토산제1소학교 교가

씩씩하게

작사 송철송 작곡 안춘석

자료: 『학생노래집』 1, 연변대학출판사, 1988년.

화룡시용화소학교 교가

씩씩하게

작사 곽신덕 작곡 김병주

자료: 2010년 7월 23일 학교 현관 게시판 촬영.

도문시월청진중심소학교 교가

작사 전종갑 작곡 한정칠

자료: 『중국조선족교육』, 1999년 9월.

도문시제2소학교 교가

작사 신금자 작곡 방철웅

자료: 『중국조선족교육』, 1996년 12월.

도문시제3소학교 교가

작사 정몽호·김두필 작곡 류영섭

자료: 『중국조선족교육』, 1996년 11월.

도문철도실험소학교 교가

- 배움의 요람 -

작사 림웅걸 작곡 김예철

자료: 『중국조선족교육』, 2000년 4월.

도문철도제1소학교 교가

작사 리용부 작곡 최학주

자료: 『학생노래집』 1, 연변대학출판사, 1988년.

도문시석현종이공장자녀제2소학교 교가

희망 가득히 작사 남희풍·김태섭 작곡 류영섭

자료: 『류영섭작곡집』, 동북조선민족교육출판사, 1992년.

왕청현제2실험소학교 교가

자랑차게

작사 김득만 작곡 리철수

자료: 2011년 1월 4일 학교 현관 1층 게시판 촬영.

1.
함 께 해 와 함 께 별 과 함 께 길 이 빛 나
2.
라 길 이 빛 나 라

왕청현제2소학교 교가

자랑차게

작사 최영자 작곡 리룡길

자료: 『중국조선족교육』, 1994년 1월.

왕청현제3소학교 교가

행진조로 씩씩하게

작사 김종섭 작곡 김 수

자료: 『중국조선족교육』, 1992년 6월.

왕청현동진소학교 교가

작사 리화진·황태랑 작곡 강창현

자료: 『중국조선족교육』, 1994년 10월.

왕청림업국조선족학교 교가

작사 박룡석 작곡 김창복

자료: 『학생노래집』 1, 연변대학출판사, 1988년.

안도현석문진중심소학교 교가

작사 김 욱 작곡 김정애

자료: 『중국조선족교육』, 1998년 6월.

안도현유수천소학교 교가

작사 김우석　작곡 김래억

자료: 『학생노래집』 1, 연변대학출판사, 1988년.

돈화시제4소학교 교가

1=C 4/4 작사·작곡 김솜낙

자료: 학교 운동장 게시판 촬영.

훈춘시제1실험소학교 교가

- 배움의 요람 -

작사 신재호 작곡 전명룡

자료: 2011년 7월 30일 학교 게시판 촬영.

훈춘시제2소학교 교가

작사 신재호 작곡 전명룡

자료: 『중국조선족교육』, 1990년 1 · 2월(합본).

훈춘시제4소학교 교가(현)

작사 박영호 작곡 김광룡

자료: 2011년 1월 학교 선생님 제공.

훈춘시제4소학교 교가(구)

빠르지 않게

작사 박영호 작곡 김광룡

자료: 『중국조선족교육』, 1993년 12월.

훈춘시제5소학교 교가

행진조로 자랑스럽게

작사 김응준 작곡 김득진

자료: 『중국조선족교육』, 1992년 10월.

연길시제2고급중학교 교가

빠르지 않게 자호감을 갖고

작사 김응준 작곡 리영태

자료: 『학생가요곡집』, 동북조선민족교육출판사, 1992년.

연길시제2중학교 교가

작사 · 작곡 미상

봉건군주의 야만적 착취와 왜구의
36년 강도적 도살에 쪽박이 보따리
떨어진 짚신짝 끌고 뿌려놓은
연변에 백의 민족 피와 땀을
뭉쳐서 개척한 기름진 땅
80년 력사 우에 세워진 제2중

자료: 2011년 1월 5일 학교 1층 복도 게시판 촬영.

연길시제3중학교 교가

힘있고 자랑차게

작사 맹길룡 작곡 박학림

자료: 『연길백년교육』(1901-2001), 내부발행, 2001년.

연길시제5중학교 교가

자랑차게

작사 정현자 작곡 김려수

자료: 연길시제5중학교 건교 50주년 소책자.

연길시제8중학교 교가

희망을 안고 씩씩하게

작사 김금련　작곡 리룡길

자료: 2011년 1월 5일 학교 현관 1층에서 촬영.

연길시제10중학교 교가

씩씩하게

작사 미상 작곡 최삼명

자료: 2010년 12월 학교 선생님 제공.

연길시제11중학교 교가

명랑하고 자랑차게

작사 김학송 작곡 박학림

자료: 『중국조선족교육』, 2000년 10월.

6

연길시제13중학교 교가

행진속도 작사 김득만 작곡 김득권·정동식·리영란

자료: 『김득만 동요 200곡집』, 동북조선민족교육출판사, 1996년.

연변대학부속중학교 교가(현)

작사 김득만 작곡 최 나

자료: 2010년 12월 학교 선생님 제공.

연변대학부속중학교 교가(구)

경모의 정을 담아 느리지 않게 　　　　　　　　　　　　　작사 김옥인　작곡 최명철

자료: 『중국조선족교육』, 1991년 7 · 8월(합본).

연변제1중학교 교가

작사 리상각·오수근 작곡 안국민

자료: 2010년 12월 학교 선생님 제공.

연길시실험중학교 교가(현)

작사 리정섭·리상각 작곡 최삼명

자료: 2010년 7월 26일 학교 2층 게시판 촬영.

연길시실험중학교 교가(구)

작사 리정섭·리상각 작곡 최삼명

자료: 『최삼명 작곡집』 제1집 리상각 시편, 연변인민출판사, 2008년.

1.
그 이 름 빛 나 라 길 이 길 이 번 영 하 라
2.
길 이 길 이 번 영 하 라

룡정시조양천제1중학교 교가

작사 김범수　작곡 리상희

자료: 『학생노래집』 1, 연변대학출판사, 1988년.

연변고급중학교 교가

작사 · 작곡 미상

(1절)

새벽이 밝아오는 언덕 우에서
슬기로운 새들 깃을 다듬네
해란강 륙도하 푸른 물에
청춘의 리상은 진달래로 피네

(2절)

찬란한 세기의 희망봉으로
해 웃는 창문이 열려져 있네
모아산 비암산 하늘가에
청춘의 정열은 노을로 끓네

(후렴)

아, 내 정든 룡정고중아
문명의 요람이여

자료: 『우리 동창들』, 연변인민출판사, 1990년. 연변고급중학교는 1950년 3월 17일 개교한 연변의 첫 고급중학교이며 지금의 용정고급중학교의 전신이다.

룡정시제5중학교 교가

♩=120

작사 리귀철 작곡 전승호

자료: 2010년 12월 학교 선생님 제공.

룡정중학교 교가

작사 리태수 작곡 리경득

자료: 2010년 7월 27일 학교 교문 안 게시판 촬영.

룡정고급중학교 교가

장엄하고 약동적으로

작사 김성휘　작곡 동희철

자료: 『중국조선족교육』, 1990년 7 · 8월(합본).

룡정시삼합중학교 교가

작사 집 체　작곡 임창범

자료: 『학생노래집』 1, 연변대학출판사, 1988년.

대성중학교 교가

작사·작곡 미 상

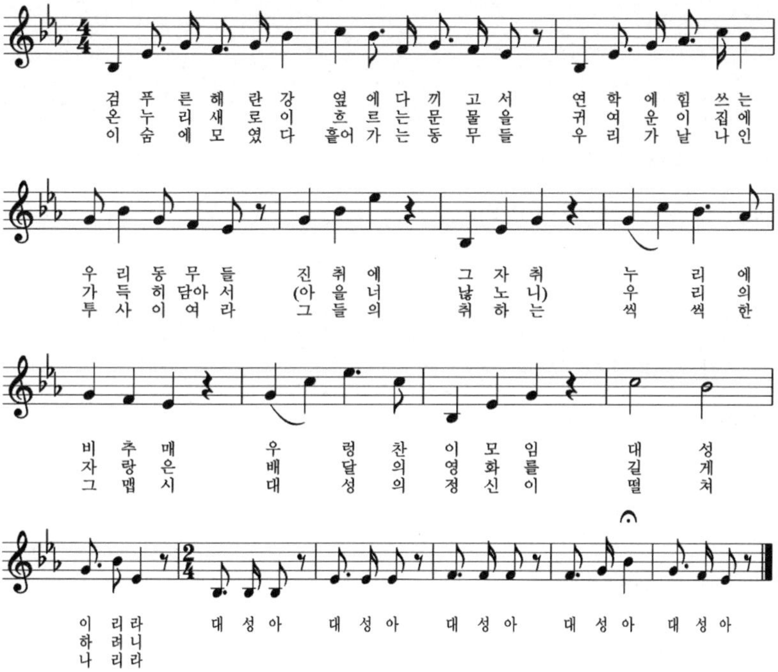

자료: 『중국조선족가요대전』, 연변교육출판사, 2007년.

동흥중학교 교가

작사 · 작곡 미상

(1절)

모아뫼 앞에 바위 같은 저
높고 넓은 우리들의 집이다

(2절)

무궁화 붉고 흰 뫼 높아
둥굴어한 우리들의 얼이다

(후렴)

배꽃 동흥모는
가슴에 얼 없고야 그 무어랴
깊은 뜻 거룩한 얼 다하야
힘써 배우는 우리 학우
흰 뫼 낮으며 하늘을 엎도록
가라 가라 우리들 가라
흰 뫼 낮으며 하늘을 엎도록
동흥학교 오라 오라 오라 오라

자료: 『연변문사자료』(제6집), 내부발행, 1988년.

화룡시제3중학교 교가

작사 허승한 작곡 최 훈

자료: 2010년 7월 23일 학교 현관 게시판 촬영.

화룡시광흥중학교 교가

작사·작곡 미 상

자료: 화룡시광흥중학 60주년 기념 책자.

화룡시서성중학교 교가

작사 집 체 작곡 량춘복

자료: 2010년 7월 23일 학교 선생님 제공.

화룡고급중학교 교가

명랑하고 장중하게

작사 김응룡 작곡 동희철

자료: 2010년 7월 23일 학교 선생님 제공.

화룡현직업고급중학교 교가

작사 한동해 작곡 김철수

자료: 『학생가요곡집』, 동북조선민족교육출판사, 1992년.

화룡5중학교 교가

빠르지않게

작사 한동해 작곡 홍봉운

자료: 『학생노래집』 1, 연변대학출판사, 1988년.

도문시월청진중학교 교가

작사 함창도　작곡 김승걸

자료: 2010년 8월 3일 작곡가 김승걸 선생님 제공.

도문제1초급중학교 교가

작사 박우근·최병렬 작곡 주문길

자료: 『중국조선족교육』, 1995년 2월. 이 교가는 『학생노래집』 1(연변대학출판사, 1988년)에 도문시제5중교가로 소개되어 있다.

도문제1중학교 교가

보통속도로

작사 정몽호 작곡 방철웅

자료: 『학생노래집』 1, 연변대학출판사, 1998년.

왕청제2중학교 교가

행진속도로 힘있게

작사 박일석 작곡 남하진

자료: 2005년 발간된 학교 홍보 홍보물 촬영.

왕청제5중학교 교가(현)

- 지식의 샘터 -

작사·작곡 미 상

자료: 2011년 1월 4일 학교 선생님 제공.

왕청제5중학교 교가(구)

정다웁게

작사·작곡 정윤석

자료: 『학생노래집』 1, 연변대학출판사, 1988년.

왕청현제1직업기술고급중학교 교가
(汪清一职学校歌)

1=C 4/4 进行速度

작사 沈昌屹 작곡 南河鎮

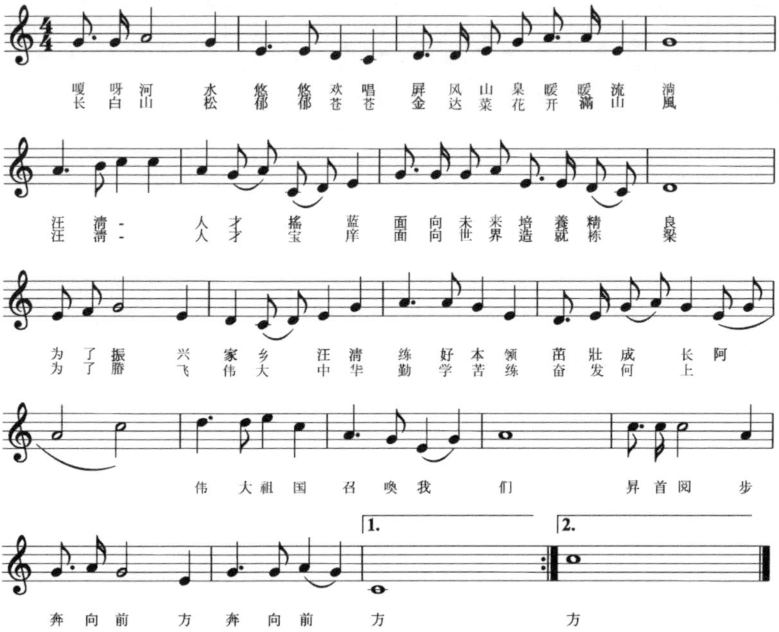

자료: 『중국조선족교육』, 1992년 12월.

화흥중학교 교가

작사·작곡 미 상

자료: 『중국조선족민간음악집』, 연변인민출판사, 2008년.

배초구중학교 교가

작사 리금덕 작곡 김성민

자료: 2011년 1월 4일 학교연혁책자 촬영.

안도현제4중학교 교가(현)

- 아! 배움의 요람이여 -

류창하고 기백있게

작사 안도현4중어문조 작곡 리채렬

자료: 리채렬 작곡집 『고향의 봄노래』, 내부자료, 1993년.

안도현제4중학교 교가(구)

작사 함형도 작곡 홍강의

자료: 『학생노래집』 1, 연변대학출판사, 1988년.

돈화시제2중학교 교가

작사 강동수 작곡 리득송

자료: 『중국조선족교육』, 1998년 5월.

훈춘시제2고급중학교 교가

아름답고 자랑차게

작사 한수범 작곡 김문철

자료: 2010년 7월 30일 학교 교문 앞쪽 게시판 촬영.

6

훈춘시제5중학교 교가

작사 김응준 작곡 김영해

자료: 『중국조선족교육』, 1994년 5월.

훈춘시제6중학교 교가

중용속도 긍지에 넘쳐

작사 리순녀 작곡 김영해

자료: 『중국조선족교육』, 1998년 1월.

훈춘현량수제2중학교 교가

작사 박학석 작곡 채영봉

자료: 『학생노래집』 1, 연변대학출판사, 1988년.

안도현조선족학교 교가

- 우리학교 교가 -

씩씩하고 명랑하게

작사 함창도 작곡 최석호

자료: 2011년 1월 2일 학교 1층 현관 게시판 촬영.

연변대학교 교가

중간속도 장엄하게 　　　작사 김태갑·이상옥·김동호　작곡 안국민·최삼명·허원식

자료: 학교 홈페이지(검색일: 2010년 12월 1일).

연길시연변대학사범분원 교가

다정하고 자랑차게

작사 조혜선 작곡 김 향

자료: 김향 작곡집 『선생님 눈동자』, 연변인민출판사, 2006년.

연변제1사범학교 교가

작사 전운봉 작곡 리원경

자료: 『중국조선족교육』, 1989년 10월.

연변재정무역학교 교가

작사 김득만·리금남 작곡 박문곡

자료: 『김득만 동요 200곡집』, 동북조선민족교육출판사, 1996년.

연변위생학교 교가

맑은 정서로 정답게

작사 김득만 작곡 리하수

자료: 『김득만 동요 200곡집』, 동북조선민족교육출판사, 1996년.

동북군정대학길림분교 교가

- 청사에 길이 빛나라 모교여 -

행진속도로

작사 장한철 작곡 최미사

자료: 『사진으로 보는 동북군정대학 길림분교』, 연변인민출판사, 2008년.

서전서숙(瑞甸書塾) 교가

작사 · 작곡 미상

不咸山이 높이 있고
豆滿江이 둘렀는데
瑞甸書塾 창립하니
聰俊人才 雲集이라
人一己百 工夫하니
救國安民 하여보세

자료: 『중국조선민족교육사료집 Ⅰ』, 연변교육출판사, 2000년. 이 학교는 1906년 독립운동가 이상설이 용정에 설립한 중국 조선족 최초의 근대교육기관이다.

창동학원(昌东学园) 교가

작사 · 작곡 미상

(1절)

한 줄기 뻗친 맥줄 흰 뫼 아래
한배검이 이 처음 닦은 굳고 굳은 터
그 우에 우뚝 솟은 우리 창동은
인류문화 발전하려 떨쳐나섰다

(2절)

여기저기 배달나라 남녀제씨들
애를 쓰고 힘들여 거둬 기를제
피어린 력사로써 거름을 주어
사랑스런 강토에 다시 보내자

(후렴)

참스럽다 착하다 아름다워라
정신은 자유요, 리상은 독립

자료: 『연변문사자료』(제5집), 내부발행, 1988년.

성성학교(成成学校) 교가

작사 · 작곡 미상

장백산 기슭 해란강반에
아름다운 뭇산과 더불어 빛나는
민국14년에 일떠선 우리학교
걸어갈 앞길 한이 없어라
한자리에 모인 우리 학우
형제같고 자매같네
자립자강의 굳은 뜻 성새 이뤘거들
성성, 성성, 성성, 성성이여!

자료: 『연변문사자료』(제5집), 내부발행, 1988년.

6

명신여자학교(明信女子学校) 교가

작사 · 작곡 미상

(1절)

귀하고도 장하도다 우리의 명신학교
하나님의 경륜으로 반석 위에 세웠네
산 닳고 강 마르기까지 노래하세 일심을 다해

(2절)

경천애민 목적삼아 붉은 맘 변치 말고
무실력행하고 하면 두려울 것 없겠네

(3절)

캄캄하다 이 세상에 미로에 가는 동포
구원할사 봉사할사 우리의 정신일세
산 닳고 강 마르기까지 노래하세 일심을 다해

(후렴)

억천만 년 무궁토록 명신 명신학교 만세

자료: 『중국조선민족교육사료집 1』, 연변교육출판사, 2000년.

명동학교(明东学院) 교가

작사·작곡 미 상

자료: '항일 민족의 요람' 명동학교 교가 복원, 한겨레뉴스(문화, 학술), 2013년 4월 24일.

은진학교(恩真学校) 교가

작사 · 작곡 미상

(1절)

발해나라 남경터에 흑룡강을 등에 지고
태백산을 앞에 높은 장하다 은진

(2절)

넓은 들판 이 땅 위에 젊은 배달
이 내 몸들 만세 반석터가 되는 귀하다 은진

(후렴)

굳세여라 은진 비치어라 은진
저 동편 하늘 밝아올제 너의 갈길 보이나니
제 손과 손을 마주잡고 발걸음을 맞추어라
만세 만세 우리 은진 노래 부르세

자료: 『중국조선민족교육사료집 1』, 연변교육출판사, 2000년.

삼성녀학교 교가

작사 · 작곡 미상

(1절)

대한민국 자주독립 굳은 기치는
세 번 길을 흐른 길이 우리 학끌세

(2절)

백절불굴 망명장애 용감력으로
만리종진 일보 일보 전진하면서

(3절)

대한민국 팔도에 선도자 되려면
유진무퇴 사자로 신을 신고서

(후렴)

합심하는 마음으로 나아갑시다
삼성학교 만세라
만세 만세 삼성학교 만세
구원하는 목적으로 노래 부르세
삼성학교 만세라

자료: 『류하조선족학교 백년의 발자취』, 교육과학출판사, 2012년.

참고문헌

1. 단행본

金炳鎬, 『中國朝鮮族人口問題研究』, 民族出版社, 2007.

吉林省地方誌編纂委員會,『吉林省誌 · 敎育誌』(卷37), 吉林人民出版社, 1992.

吉林市民族事務委員會, 『吉林市朝鮮族誌』(1907-1988), 內部資料, 1999.

김남호, 『중국조선족 전통음악 대중음악론』, 민속원, 2010.

김익기 외, 『중국의 한민족청소년 현황 및 생활실태 연구』, 한국청소년정책연구원, 2007.

김향 작곡집 『선생님 눈동자』, 연변인민출판사, 2006.

丹東市民族宗敎事務委員會民族志編纂委員會编 , 『丹東朝鮮族志』, 辽宁民族出版社, 2000.

東北朝鮮民族敎育科學研究所 編, 『中國朝鮮族學校誌』, 東北朝鮮民族敎育出版社, 1998.

동북조선민족교육과학연구소 편찬, 『중국조선족학교현황지』, 연변교육출판사, 2005.

레이초우, 『디아스포라의 지식인』, 이산, 2005.

遼寧敎育學院民族敎育研究部 編, 『迈向21世紀的中國遼寧省朝鮮民族學校一覽』, 遼寧民族出版社, 1997.

리윤선 주필, 『무순 대도조선족100년 개관』, 민족출판사, 2012.

李鍾太 等 主編, 『沈陽市民族敎育百年史』, 遼寧民族出版社, 2012.

리채렬 작곡집 『고향의 봄노래』, 내부자료, 1993.

목릉조선민족교육사편찬위원회, 『목릉조선민족교육사』, 흑룡강조선민족출판사, 2004.

박금해, 『중국조선족 교육의 역사와 현실』, 경인문화사, 2012.

박병순 주필, 『장백조선족 발전사』, 연변인민출판사, 2008.

박창욱 주필, 『개척』(중국조선민족발자취총서 1), 민족출판사, 1999.

박창일 주필, 『불씨』(중국조선민족발자취총서 2), 민족출판사, 1999.

서명훈, 『할빈시조선민족백년사화』, 민족출판사, 2007.

延吉市教育誌編纂委員會, 『延吉教育誌』(1901-1988), 內部發行, 1990.

연변대학교육학심리학교연실 외, 『연변조선족교육사』, 연변인민출판사, 1987.

연변대학조선문학연구소 편, 『20세기 중국조선족문학사료전집』 제3집 항일가요, 연변인민출판사, 2009.

연변정협문사자료위원회, 『연변문사자료』(제5집), 내부발행, 1988.

______, 『연변문사자료』(제6집), 내부발행, 1988.

延邊朝鮮族自治州教育局, 『延邊朝鮮族自治州教育誌』(1989-2006), 內部資料, 2008.

延邊朝鮮族自治州教育誌編纂委員會, 『延邊朝鮮族自治州教育誌』(1715-1988), 東北朝鮮民族教育出版社, 1992.

延邊朝鮮族自治州檔案館編, 『中共延邊地委延邊專署重要文件滙編』(第2集), 內部文件, 1986.

연수현민족종교사무국 외, 『연수현조선족100년사』(1903-2003), 민족출판사, 2005.

王秉禎 · 董玉琦 主編, 『長春市教育誌』, 吉林人民出版社, 1995.

汪淸縣教育誌編纂委員會, 『汪淸縣教育誌』(1909-1985), 內部發行, 1989.

임채완 · 전형권, 『재외한인과 글로벌 네트워크』, 도서출판 한울, 2006.

장익선, 『연변민요의 음악적 특성과 전승양상에 대한 연구』, 민속원, 2010.

朱成華 編著, 『中國朝鮮族移民史』, 民族出版社, 2009.

차철구 외, 『중국조선족혁명투쟁사』, 연변인민출판사, 2009.

최범수 외 편, 『흑룡강성조선족교육사』, 동북조선민족교육출판사, 1993.

崔相錄 외, 『中國朝鮮族教育的现状与未来』, 延邊大學出版社, 1995.

沈阳市民委民族志編纂办公室编, 『沈阳朝鲜族志』, 辽宁民族出版社, 1989.

한국예술종합학교 한국예술연구소, 『한국작곡가사전』, 시공사, 1999.

한득수 주필, 『상지시조선민족사』, 민족출판사, 2009.

허청선 외, 『중국조선민족교육사료집 4』(하). 연변교육출판사, 2004.

허청선 외 주편, 『중국조선민족교육사료집 1』, 연변교육출판사, 2000.

許青善 · 姜永德 主編, 『中國朝鮮族教育史』, 延邊教育出版社, 2009.

황룡국 주필, 『봉화』(중국조선민족발자취총서 3), 민족출판사, 1989.

辽宁省地方誌編纂委員會办公室, 『辽宁省誌 · 教育誌』, 辽宁大学出版社, 2001.
『吉林省教育年鑒』編纂委員會, 『吉林省教育年鑒』(1949-1985), 吉林教育出版社, 1990
『김득만 동요 200곡집』, 동북조선민족교육출판사, 1996.
『룡정문사자료』(제1집), 내부자료, 1986.
『류영섭 작곡집』, 동북조선민족교육출판사, 1992.
『류하조선족학교 백년의 발자취』, 교육과학출판사, 2012.
『밀산조선족백년사』 편찬위원회, 『밀산조선족백년사』, 흑룡강조선민족출판사, 2007
『사진으로 보는 동북군정대학 길림분교』, 연변인민출판사, 2008.
『연길백년교육』(1901-2001), 내부발행, 2001.
『연길백년교육』, 길림성 내부자료, 2001.
『延邊朝鮮族自治州教育誌』 編纂委員會, 『延邊朝鮮族自治州教育誌』(1715-1988), 東北朝鮮民族教育出版社, 1992
『우리동창들』, 연변인민출판사, 1990.
『정근포 작곡집』, 동북조선민족교육출판사, 1999.
『中國朝鮮民族教育史料集』 編委會編, 『中國朝鮮民族教育史料集』 第1卷, 延邊教育出版社, 2000.
『중국조선족민간음악집』, 연변인민출판사, 2008.
『최삼명 작곡집』 제1집 리상각 시편, 연변인민출판사, 2008.
『학생가요곡집』, 동북조선민족교육출판사, 1992.
『학생노래집』 1, 연변대학출판사, 1988.

2. 논문

구자억, 「개혁개방 이후 중국의 사회주의 교육관 고찰」, 『한국교육』 제24집, 1997.
길태숙, 「재만조선인 항일투쟁노래의 과거와 현재적 의미: 신흥무관학교 교가를 중심으로」, 『동방학지』 제144호, 연세대학교 국학연구원, 2008.
김보희, 「북만주지역의 독립운동가요」, 『한국음악연구』 제43집, 한국국악학회, 2008.
김정호, 「중국의 소수민족교육과 다문화교육」, 『사회과 교육』, 제47권 1호, 2008.
문정매, 『중국조선족학교 통 · 폐합의 원인분석: 흑룡강성 조선족학교를 중심으로』, 서울대학교 석사학위논문, 2007.

민경찬, 「서양음악의 수용과 음악교육」, 『음악학』 9, 한국음악학학회, 2002.

_____, 「중국 조선족의 항일군가와 일본의 노래」, 『한국음악사학보』 25, 한국음악사학회, 2000.

박금해, 「滿洲事變以前 北間島民族教育에 關한 一研究」, 『인문과학연구논총』 제18집, 명지대 인문과학연구소, 1998.

변계원, 「한국음악에서 작곡에 대한 개념적 고찰」, 『음악학』 14, 한국음악학학회, 2007.

신대철, 「한국 · 중국 · 일본의 서양음악 수용」, 『한국음악연구』 38, 한국국악학회, 2005.

안병삼, 「중국 요녕성 조선족학교 교가 연구」, 『한민족문화연구』 제43집, 한민족문화학회, 2013.

_____, 「中國 朝鮮族學校 校歌 分析」, 『인문연구』 제62호, 영남대학교 인문과학연구소, 2011.

_____, 「중국 조선족학교 교가에 나타난 한민족공동체의식」, 『민족문화논총』 제57집, 영남대학교 민족문화연구소, 2014.

_____, 「중국 조선족학교 교가에 대한 학생들의 의식 고찰」, 『디아스포라연구』 제7권 2호, 세계한상문화연구단, 2013.

_____, 「중국 조선족학교 교가의 歌詞 연구」, 『한국학연구』 제39집, 고려대학교 한국학연구소, 2011.

_____, 「中國 朝鮮族學校 校歌의 亡失과 그 特徵」, 『한국민족문화』 제39집, 한국민족문화학회, 2011.

_____, 「중국 조선족학교의 교가교육에 관한 고찰」, 『한국동북아논총』 제18집 1호, 한국동북아학회, 2013.

_____, 「중국 흑룡강성 조선족학교 교가 가사 연구」, 『인문연구』 제69호, 영남대학교 인문과학연구소, 2013.

_____, 「중국 흑룡강성 조선족학교 교가 연구」, 『인문과학연구』 제35집, 강원대학교 인문과학연구소, 2012.

양춘식, 『西間島 獨立運動과 新興武官學校』, 연세대학교 교육대학원 석사학위논문, 2006.

이현정, 「조선족의 종족정체성 형성 과정에 관한 연구」, 『비교문화연구』 제7집 2호, 서울대학교 비교문화연구소, 2001.

정영홍, 「중국의 사회주의 현대화와 조선족교육의 미래」, 『교육철학』 제15권, 1997.

조경란, 「현대 중국의 소수민족에 대한 국민화 이데올로기」, 『시대와 철학』 제17권 3호, 2006.

채휘군, 「조선족 교육의 형성과정과 현안문제 고찰」, 『교육철학』 제29집, 2006.
최우길, 「중국조선족교육의 현황과 과제」, 『디아스포라연구』 제6권 1호, 2012.
한흥화, 「『바람꽃』을 통해 본 조선족 정체성의 변이양상: 주인공 의식의 변화과정을 중심으로」, 『한국민족문화』 제38집, 2010.

3. 잡지 및 소책자

『중국조선족교육』, 1989년 10월.
『중국조선족교육』, 1989년 9월.
『중국조선족교육』, 1990 7 · 8월(합본).
『중국조선족교육』, 1990년 1 · 2월(합본).
『중국조선족교육』, 1991년 10월.
『중국조선족교육』, 1991년 11월.
『중국조선족교육』, 1991년 6월.
『중국조선족교육』, 1991년 7 · 8월(합본).
『중국조선족교육』, 1991년 9월.
『중국조선족교육』, 1992년 10월.
『중국조선족교육』, 1992년 11월.
『중국조선족교육』, 1992년 12월.
『중국조선족교육』, 1992년 4월.
『중국조선족교육』, 1992년 6월.
『중국조선족교육』, 1992년 7 · 8년(합본).
『중국조선족교육』, 1993년 12월.
『중국조선족교육』, 1993년 3월.
『중국조선족교육』, 1993년 4월.
『중국조선족교육』, 1993년 5월.
『중국조선족교육』, 1994년 10월.
『중국조선족교육』, 1994년 1월.

『중국조선족교육』, 1994년 5월.

『중국조선족교육』, 1994년 6월.

『중국조선족교육』, 1994년 9월.

『중국조선족교육』, 1995년 1월.

『중국조선족교육』, 1995년 2월.

『중국조선족교육』, 1995년 3월.

『중국조선족교육』, 1995년 8월.

『중국조선족교육』, 1995년 9월.

『중국조선족교육』, 1996년 11월.

『중국조선족교육』, 1996년 12월.

『중국조선족교육』, 1996년 2월.

『중국조선족교육』, 1997년 10월.

『중국조선족교육』, 1997년 2월.

『중국조선족교육』, 1997년 5월.

『중국조선족교육』, 1997년 8월.

『중국조선족교육』, 1997년 9월.

『중국조선족교육』, 1998년 1월.

『중국조선족교육』, 1998년 5월.

『중국조선족교육』, 1998년 6월.

『중국조선족교육』, 1999년 1월.

『중국조선족교육』, 1999년 2월.

『중국조선족교육』, 1999년 9월.

『중국조선족교육』, 2000년 10월.

『중국조선족교육』, 2000년 4월.

『중국조선족교육』, 2001년 11월.

『중국조선족교육』, 2004년 6월.

교하시조선족중학교 50주년 책자(2002년)

길림시조선족중학교 60주년 책자(2009년)

류하현조선족완전중학교 교지(校誌)(2005년)

배초구중학교 학교연혁 책자.

연길시제5중학교 건교 50주년 소책자.

연길시조양소학교 2007-2008학년도 제2학기 학교소개 책자.

왕청제2중학교 2005년 발간된 학교 홍보책자.

장백조선족자치현제2중학교 학교 소개 책자. (2006년)

장백현제2실험소학교 설립 90주년 책자(2008년).

장춘시관성구조선족소학교 90주년 기념행사 책자(2012년)

통화시조선족중학교 60주년 책자

화룡시광흥중학 60주년 기념 책자.

4. 신문

'항일 민족의 요람' 명동학교 교가 복원, 한겨레뉴스(문화, 학술), 2013년 4월 24일자.

이 책에 수록된 글들의 발표지

1. 안병삼, 「中國 朝鮮族學校 校歌의 亡失과 그 特徵」, 『한국민족문화』 제39집, 한국민족문화학회, 2011.
2. 안병삼, 「中國 朝鮮族學校 校歌 分析」, 『인문연구』 제62호, 영남대학교 인문과학연구소, 2011.
3. 안병삼, 「중국 조선족학교 교가의 歌詞 연구」, 『한국학연구』 제39집, 고려대학교 한국학연구소, 2011.